太極拳透視

太極空無之境

眾妙之門 · 下卷

7

陳傳龍

著

｜目 錄｜

太極拳透視

陳傳龍 ———————————————————

仰視星月俯看泉，
行雲流水身傍過。
山川海河氣相通，
日月星辰一體連。

代序——內外之別

太極拳是內家拳，要了解太極拳，首先要明瞭外家拳與內家拳的不同。由於拳術在一般的觀念裡只知外家拳，對內家拳完全不知，因此學習太極拳都以外家拳的觀念思考與學習，以致困惑難明、久學難成，而致枉費工夫，是自古以來學太極拳難以有成的主要原因。故古有「學太極拳者多如牛毛，神而明之者代不數人」之言。

二者是完全不同的，不但不同，更是相對相反，外家拳主張堅硬用力，求肢體的堅硬有力，動作的快速，使用有形的肢體，是使用有形的肢體的拳術，也就是一般心目中所謂的拳術。太極拳是內家拳，在本質本性上完全不同，主張鬆柔不用力，求肢體的柔軟、動作的緩慢，是求拋棄有形的肢體不用的拳術，既鬆柔不用力了，還何能使用肢體！不言可知。太極拳的能養生益壽亦即在此。如果仍以外家拳的思維求肢體之能，顯然是一個矛盾的思維，所以無能理解太極拳，學太極拳而難明太極拳。

鬆柔不用力並不是就沒有了作用，而是求修習內勁。用力與不用力在於心中，心中求用力就有力，就是用力；心中求不用力就沒有了力，就是不用力。外家拳的所謂用力，是在動作中心中以意求用力，而產生了筋肉堅硬的力，乃是外力，是人人生來都有的力。太極拳的鬆柔不用力，是在動

作中以意求不用力，於是筋肉柔軟，但還是能有動作產生，這是意的作用。有意而能有動作，是筋肉柔軟的力，即是所謂的用意不用力，乃是內勁，是相對於外力而言，故古有「內勁是不用力之力」之言。更完整的說，應言內勁是用意不用力之力，沒有意，動作是不會產生的。由於意的作用，日久以後啟動人體先天內氣，亦稱元氣、中氣、真氣，由於由意所啟動運用而為意氣，也是內勁，是太極拳功成以後的內勁，乃太極拳的體之所在。十三勢歌云：「若言體用何為準？意氣君來骨肉臣」，即言太極拳的體是意氣。體既是意氣，用自亦是意氣。自古相傳的經譜歌訣，言太極拳無不都以意氣為本，由於太極拳是在運作內勁，所以看起來動作緩慢，是快不起來的，但反應快速無比。

　　綜上所言，由此可見太極拳與外家拳是完全不同的，以操作外在肢體動作的拳架招式求太極拳，就全無太極拳可言，這是以外家拳的思想求太極拳，與太極拳完全無關，所以難明難成，提供學者參考指正。

陳傳龍　｜謹述於臺北
2019年6月7日

淺談呼吸

太極拳本是一個呼吸運動，呼吸是在練氣，但值得一提的是，太極拳的呼吸，不是一般觀念中平時的呼吸，平時的呼吸是對外在空氣的呼吸，是外呼吸；太極拳的呼吸是行內氣的內呼吸，所以所言的氣，也不是外在空氣，而是先天內氣，亦稱元氣、真氣、宗氣，是與生俱來的先天氣。靜坐是在靜中練氣，太極拳是在動中練氣，所以太極拳是內家拳。

十三勢歌云：「若言體用何為準？意氣君來骨肉臣」即言太極拳的體與用均為意氣，所言的氣是先天內氣，言意氣，由於先天內氣是由意所啟發運用，有意乃能有氣之用，意與氣是一體的，太極拳的呼吸即是以意運用內氣，經譜歌訣所言「氣宜鼓盪」、「意氣須換得靈」、「氣遍身軀不少滯」、「遍體氣流行」、「以心行氣」、「以氣運身」，乃至「虎吼猿鳴」、「翻江鬧海」等等，無不都是言內氣的運作，也就是內呼吸，都是由意來運作。太極拳能養生益壽，既是拳術又是養生之功，即是由於意氣的修習，非關外在的姿勢動作。由於古來拳家都視為珍寶，秘不外傳，而難為人知，太極拳練成以後，全是內氣的呼吸，一呼一吸即已是太極拳了。

更值得一提的是，太極拳的呼吸不是可以隨便練的，

若練有不當，易生弊端，要有功深練有所成者的指引，有由於不知，以一般性的平時呼吸，傳授學員，以胸肺的大呼大吸來練，結果有學員心臟出了問題，且不只一人。另有為了要作丹田呼吸而求氣沉丹田，由於氣沉不下去，而用向下壓的，也出了問題，幸好及時停止，沒有大礙，以此事實，提供學者參考，以免走入歧途。氣沉丹田，並不是真正的把呼吸的空氣沉到丹田，而是把呼吸起伏的動作，由胸部下沉到小腹，丹田在小腹，呼吸時的空氣只能在肺部，是沉不下去的，況且沉是自然的沉下去，與壓顯有不同，又不是氣壓丹田，是值得認真注意的一件事。

要氣沉丹田，也就是要使呼吸的起伏的動作下沉到小腹，要調整身法，即要涵胸弓腰，以使胸腹內收放鬆，呼吸的起伏自會下沉到小腹，切不可用力，用了力是沉不下去的，真正沉下去的是動作，也是意，所以有氣沉丹田實意沉丹田之說。其作用在於以意啟動先天內氣。

古傳丹田呼吸，有順呼吸與逆呼吸之別，順呼吸是吸氣時小腹外凸，呼氣時小腹內收；逆呼吸則相反，吸氣時小腹內收，呼氣時小腹外凸，順逆呼吸的起伏動作已在小腹，事實上已是丹田呼吸了。

無論行何種呼吸，運作時一定要輕微緩慢，力求舒暢

自然，勿使悶到胸部，太極拳多用逆呼吸，這是一種新的呼吸方式，要循序漸進，漸漸體悟養成的，要有練有所成的功深者的指引，不可一下子就大呼大吸，猛力呼吸，小腹的內收與外凸也無須刻意求形的收與凸，而重於意，功在於意，不在於呼吸的空氣，從人無時不在作空氣的呼吸，而無特殊的作用就可知道。所以太極拳的呼吸雖言呼吸，完全是意的運作，仍力求自然舒暢，熟練以後就可以動作配合呼吸，一動不是呼就是吸，以動來呼吸，以呼吸來動，該呼就呼，該吸就吸，無須配合外形姿式，作用全在於意，有意必有心與神，所以用意即已用心神意，是精神面的作用，以求啟發先天內氣。功深以後，內氣充沛，可以以心運行，遍流周身，就可如經歌所言，行內氣的內呼吸。

太極拳本是道功的修習，修習道功行打坐以練氣，氣是先天內氣，得氣以後，在拳術中使用，由是打坐是養氣，打拳是用氣，功深以後，打坐就是練拳，練拳就是打坐，互補互助，相得益彰，全身處處都可呼吸，可以用丹田呼吸，皮毛呼吸，肚臍呼吸，骨節呼吸，關節呼吸，踵的呼吸，手指呼吸，周身全體的身呼吸，要用何處，就用何處，全是內氣的內呼吸，隨時隨地都可做，心在氣在，氣在拳在，成了生活化，內氣愈練愈足，就可如真義歌所言「無形無象，全身透空」，氣只在丹田，是不足以使用的。

初學者不知呼吸，可以行自然呼吸，只要涵胸弓腰作

得好，使胸腹內收放鬆，呼吸自可下沉至小腹，要輕微緩慢舒暢自然，此時一定已有意的存在，日久亦可啟動內氣，作內氣的運行。涵胸是求胸部的內收放鬆，只要將腰向後輕輕一弓即可內收，切不可用力，必求舒暢自然。太極拳的呼吸本是極舒暢自然的事，如有不舒暢，宜立即避免。太極拳本是意氣的運作，所以十三勢歌云：「若言體用何為準？意氣君來骨肉臣」，不能認為太極拳是外面的一個肢體動作，肢體動作只是一個空洞的姿勢形式，所以難明太極拳。

陳傳龍　謹述於臺北
2018年9月28日

閱讀導引──以藝入道之太極玄妙境界

　　相信大家應該已經看過恩師　陳傳龍老師《太極拳透視》的上卷(第一、二、三冊)了及中卷(第四、五、六冊)了。前六冊　恩師前後花了六年時間共寫下了十一本筆記，但接下來卻花了將近十二年的時間，才記了三本筆記。可見這期間太極拳功夫的體悟與境界早已出神入化，不太需要言語來道斷了。記下來可能與前六冊在觀念上也許有重複之處，但境界卻截然不同，大多是與人交手驗證時覺得需再強調，以期能著熟懂勁而趨於神明罷了；或用不同的角度、不同的語句闡述類同的觀念，期能深刻化印象，達成身心一如的境地。

　　上卷中，強調的「趴」、「抱」、「伸縮」、「上鬆下實」、「隱身化風」虛領頂勁氣生等概念；中卷中，強調的「倒、敗」心態、「開襠、坐胯、弓腰、尾閭前收」的循環操作、以「扭脫衣物」、「拔鞋」、「挖地」、「伸縮」、「軟綿縮小巧」及「涵拔、沉墜、開坐」來練習下實的穩勁、以「順、舒、穩、柔、歛纏、旋、轉點」來練習內部筋絡的化勁、以「清靜、寬容、忍讓、空淨、慈悲、有愛」來修養心性。在下卷中仍然難免用類似方式提醒，但更多是長久實證體悟出來的操作心得紀錄，茲簡摘其主要精神，供願實證的同好們卓參。

談陰陽───

◆太極拳無招式，只是一陰一陽。

◆動中有靜、靜中有動。動靜合一、動靜分清。動靜相生、動靜相寓。

◆伸中有縮、縮中有伸。伸也伸不出、縮也縮不進。

◆柔中有剛、綱中有柔。浮中有沉、沉中有浮。

◆化中有發、發中有化、化發一體。

◆接、引、化、蓄、掤、發一體，蓄中有化、發、接、掤等勁。

◆呼而不呼、吸而不吸。用意呼吸，全身每一部份均可進行呼吸。

◆伸而不長，縮而不短，張而不大，收而不小，旋而不轉，產生內變而生勁。

◆為中不為、發隨即不發、動隨即靜，有隨即無、快隨即慢、大隨即小、進隨即不進、退隨即不退、攻隨即不攻。

◆心態上，用斯文即要寓剛猛，用剛猛即要寓斯文，陰中有陽，陽中有陰。

談鬆柔───

◆太極拳是練僵為柔的功夫，練硬為軟，練有化無，由無生有。

◆一柔化千愁，能柔萬事成、胯扭萬法備；一柔萬事成、胯動應萬動；一柔破萬招、胯變應萬變。

◆鬆鬆柔柔鬆鬆鬆、柔柔鬆鬆柔柔柔。

◆大動不如小動、小動不如微動、微動不如不動。

◆力不敵於功、功不敵於巧、巧不敵於妙、妙不敵於空。

◆心中想腿愈用力，身即愈柔。金剛腿、棉花身。軟綿縮小巧。

◆柔得透、站得穩、化得清、發得出。

◆圈、斷、點、軟、敗、倒、化、舒、碎、裂。都是為求柔身，化僵為柔，產生內勁。

談功───

◆**運胯功**─用意運動兩胯，使十分活潑，異常靈巧，周身柔綿。

◆**運化功**─被碰，在腿、腳中已快速產生無窮變易，有氣即散開。

◆**連續功**─要一波一波連續纏捆人，不連續則勁道就不強。

◆**歸元功**─心想有所為立即不為，即返本歸元，想動立

即不動。

◆**鑽樹功**─假想在樹枝之間任意穿梭，行住坐臥都可
　想。

◆**碎石功**─以意用臀壓碎石頭練腿勁。發時亦可用。

◆**捲尾功**─以尾閭向前捲向嘴之意，求尾閭前收。

◆**擦地功**─任何動移，都以用身之某處擦地，以求鬆沉
　勁。

◆**飛腿功**─想像中作飛腿跳躍，以意練體。

談勁────

◆**蹲勁**─要在動以前先下蹲（意蹲身不蹲），使腿腳先
　有勁後才動。有人加力於我，我一用蹲勁必可化解，而
　彼已跌出。

◆**升降勁**─彼用力推來，我坐胯後，退用腰脊將後腿上
　提，進時用臀向下壓。用上身提下身時，下身隨之變
　柔，故亦是鬆柔勁。

◆**軟泥勁**─周身如軟泥。如身向後，身未退而身內泥勁
　已流動。身欲向前，身未向前，身內軟泥流動。

◆**走絲勁**─即勁如一根絲在身內走動，可用以制人、纏
　人。

◆**雙合勁**─以胯膝合，踝膝合，左右兩腿上縮與上身
　合，或二關節相合，以使氣充周身。

◆**敗勁**—只要做好敗勢即有發勢，關鍵在全身力均已落入小腿，以腰為軸定住，他處敗，敗即鬆。

◆**蜘蛛勁**—腰為蛛身，四肢乃至周身為蛛腳，伸縮蛛腳。

◆**仰首勁**—發勁時頭微微向後仰，並不露形，勁甚大，這要在周身鬆柔之狀態才可。

◆**飛輪勁**—輪轉如飛，在檔內，處處都可。

談磨地、發光與呼吸———

◆以臀磨地、擦地、進退用臀挖土。

◆兩腿躺地磨，不可用自動。有時腿磨腰，有時腰磨腿。

◆放光是放自己身上之光，吸光是吸遠處之光。

◆以發光發勁極大。用皮毛發光，其勁強大。

◆無極點發光求身柔，神坐胯不坐，全是神意，練神意。

◆專練發光。心想掌肩等局部放光，以練內氣強勁，胯踝等處都要練。

◆全用骨呼吸(內呼吸)，其功不可小覷。若用大椎呼吸，即全身氣充。用尾閭呼吸又有不同感受，再試試用其他關節呼吸。

◆呼吸(內呼吸)全在尾閭腰腿，不在上身，在上身為浮。

◆以呼吸避動，以去僵、去力，有動即以呼吸(內呼吸)代之。

最有趣又有創意的是，用磨地、發光等來進行各種練習的著法，這些都是相當棒的練習鬆柔內勁的秘方。唯有持之以恆地練習，才能感受恩師發明的磨地、發光等真是寶。

另外再摘錄三個偈子的口訣，做為同好們在太極拳摸索道路上的明燈：

太極本是一陰陽，動靜變化心中量。
千變萬化順彼勢，腳上發威彼飛揚。

柔身動胯求身柔，收緊帶脈氣滿身。
開檔縮腿呼吸旺，尾閭放鬆腳上穩。

屈膝蹲身檔胯坐，周身骨節向下落。
進則壓臀又旋踝，退則提檔並吊胯。

日記式的撰寫，難免感覺片段或重複。這正是每天有不一樣的天氣，不一樣的心境，但每天一樣要用心過。讀者就可隨意翻閱，找尋能靈通的部分，深入品閱，定有會心一笑之感。恩師用字遣詞並非華麗，但卻是點滴刻畫心境，將練功過程的心得體會用通俗精簡的文字描繪出來，一定具可操作性、能實修實證。建議同好身體力行，一點一滴去驗證，定可心到則神到，神到則意到，意到則氣到，而能

隨心所欲。

　　有幸承恩師不棄，責成逐字校對，發現疑問即能隨時請益，才能有所領受，不敢自珍，特摘珠璣以饗同好。雖然恩師的筆記整理出九冊，但恩師對太極拳的體會與日俱進，並未隨著出版而停止。每每在教拳的過程中有新發現新體悟，隨時在互動中不斷地分享出來，讓人有苟日新、日日新、又日新之感。

　　　　　　　　　　　　　　　林燦螢 | 2019年6月12日

本文作者簡介 |【林燦螢 博士】

中華民國太極拳總會 世界盃、總統盃、
青年盃太極拳錦標賽推手賽資深裁判
禪易太極拳養生研究中心 指導顧問
管理才能評鑑暨發展中心 指導顧問
文化大學勞工系兼任助理教授

2000/10/1 —— 一動即改氣先動，即意先動，由於意動氣即動，切不可先動身。若用動身來練，要求保持周身之柔綿，不可因動而生僵。

　　欲作每一姿式動作，即先停住不動，改作鬆腿、柔腰、寬襠胯來形成態勢後再動，此為練腰腿之靈活，並能使周身柔綿。其實一切動作都只要作鬆腿、柔腰、寬襠胯即可（身體不可自動），因為對任何來力都是只要腰胯一動即可解決，用他處動反而產生散亂，雖動腰胯，但心中要有求不動之心，才能他處不動，身體柔綿。

10/2 —— 化要先動腰胯。腰胯動要跟得上來人之動，不可只上化下不動。外形姿式是用運動腰胯做出來的，不是自己動出來的，才能求得柔綿，立身有根。

　　任何動靜都是為了要接住對手發，一接住就發。

10/3 —— 下應下化，一切來力均用下盤柔化應對，不在上面化，下柔上自柔，勁自鬆沉。

10/4 —— 拳固然是求變化，但變化要從腳跟變起，催動腰胯變化，並心中要有陰陽（即虛實），不是無規

律之隨便亂動。

　　動即斂氣入骨纏，為吸蓄；靜即氣充四肢皮毛，為呼發，此即內呼吸。

10/5 —— 一動先順暢僵滯之氣，收斂入骨。以呼吸（內）來順暢僵滯之氣。

10/6 —— 用舒不用撐。一動一定心中要有太極分兩儀，不可混沌，也就是要分清虛與實。

10/8 —— 吞彼之力用肋側，發只要腰胯一震即可，可不為人知，已足夠驚人。不要再動形體，腰胯一震即可。

　　金剛腿、棉花身，打拳要兩腿好像很用力，兩腳好像抓住地，這樣才能上柔下堅。

10/9 —— 絕對不可做先天的凡動，如動必生僵，就不是練拳。打拳全是運勁。

　　動中求不動，才能做到真動。如欲用腰腿旋，即要心中存有不旋之意，才能周身一致，周身一家，身乃柔，此即動中求靜，動靜合一，產生內勁。

一切運勁，均要有一運立即不運之意，但仍在運，始得純剛。

10/10 ── 一動即有停止不動之心，雖停仍在動，意動身不動，或身動意不動，此時全是神意引內勁動。

10/11 ──

1、運動與應對全在調整腰胯腿腳，站穩己身。

2、動只要心裡想動，發動周身之神意氣勁即可，不是動身，這就是運。

3、打拳要求在招式變動中站穩（求中定），棉花身、金剛腿，腰胯扭旋螺旋勁。

10/12 ── 要想怎麼發就用怎麼吸才是發，身不可向前移，應向下縮、向後退，心退形不退，好像身被阻住似的，力不出身，力留身內，皮毛定住，身進意退，欲進反退。如是則內勁產生。

絕不會自己自由動，一定全是用功動，功動為一動即鬆腿柔腰寬檔胯，內動外不動，更要使兩肩不參與動靜，才能徹底有效，動靜分清。動一定要有作用產生，動而無功（作用），乃是在亂動。

10/13 —— 用而不用，即一用身即不用身，即一用力即不用力，方能身柔而生內勁，而能柔中有剛，亦即動即不動，功動即如此。即神意動，身不動，即心動身不動，不動反而是力量，乃是內勁。發時動即退縮，退縮即站穩，此時勁已發出。身內神意在流動、震動，亦即勁不出身，皮毛定住，不離和順舒暢。動即不動，腰胯勁就出。

金剛腿、棉花身，動必阻，阻必纏，纏必暢，纏者氣勁之旋動也。

10/14 —— 一定要站穩，求站穩，在變化中求站穩，在站穩中求靈活。

不是身動，是變動周身之筋骨。纏旋就是變化，在纏扭中求站穩，在站穩中求纏扭，力集於腿，根在腳。

拍球—以勁在膝與腰椎間動，即在自己身內動，不要出身外，拍到對方身上彼即跳。

推手用腰椎鑽向彼身可推動對手。

既是鬥腿勁，將胸腹勁運至腿增加腿勁，勁集於腿。

以柔克柔，彼柔我即用纏粘。彼若變硬，我即改以虛發之。

勁貫入腿—運動不是動移，是將勁注入腿內運動，如此身方能柔。

　　勁注入腿內應用之—上半身之勁下注入腿，增加腿勁，加以應用。故要隨時隨勢將勁下注，站穩自身。

10/16 ── 要改為注意外在變化，練時假想有對手，將之吞噬包捲，引至一脅。不要只練自己內氣，要練應對外在，因為練走架已是在用內在應對外在，才是練習的目標。攻時爭取拿發之機勢，發時內勁不出己身。以肘向內變化，發動內勁。

　　氣斂入骨人不知，為什麼不用？鼓盪身外之氣勁大，為什麼不用？意注肋側身即柔，利於虛實變化，不可忘。

10/17 ── 當自己勁在兩腿，就感到安心不怕人推，是因為上身全已騰空，上身不空時，意集一脅即可空，上身一定要全部騰空。

　　綜述前記：凡一動即先站穩，成棉花身、金剛腿，騰空上身，柔勁下貫入腿，以腰腿胯襠活動，周身勁氣（神意）要流旋。

　　以柔克柔，動即要求舒暢。不可只管自己行功，

要注意處置外變，與外變互動。

10/18 —— 不要只研究自己，要研究別人、研究對方剛柔虛實。

接很重要，要發就要先接，能接好才能發。

站穩很重要，一有狀況立即先站穩腿勁，柔下身，使天靈（天上的靈氣）入骨，同時注意接住彼力，接住後即可吸（發），主要使勁不出身，故用吸。以後要沒有發之意，只用吸，想用何處，即用何處吸，此為定理。意守於臍，擊發勁大得多。

10/19 —— **腳氣快應**—不是身快，是腳氣快，向上吸運至腰胯。腳先應，非身先應，腰腹不可著力吸氣，以腳向上吸運。

10/20 —— 以柔克柔，以柔克剛。一接手，剛柔即生，虛實即分，我迅速以虛柔迎彼之實，並非只柔讓而已，動靜差不多都是這樣。

我攻彼時，彼一頂，剛柔即生，虛實即分，我以虛柔貼彼虛柔，必要時用左右肋側之虛柔交替貼吸，同時存扶彼猝倒之心，以控制彼。

站穩自己，這要由動即停止不動之心而生，即在

動中心中要有停住身之意即站穩。

　　不要只在中線，要練左右肋側虛實交替變換，以求變化靈活。

10/21 —— 練掤要練浮，將彼浮起，彼力一來，把他浮起來，浮用己勁下沉才能將彼浮起。

10/22 —— 足氣不可斷，運動姿式變化，足氣易斷，要用意使之不斷。

　　發時用拉前胯合後胯發，類合腹。練拳架一定要有因應之心，有所為而為。動中求化而發，定中即以合胯發放，多練發、練接，接好才可發。

10/23 —— 外氣合內氣，內氣合外氣，鼓盪得很厲害，一開一合。

　　用騰雲駕霧之心走路，周身輕靈。打拳也在騰雲駕霧。

10/24 —— 縱軸纏旋，身內一垂直中軸（棍棒似的）在纏轉。

10/25 —— 以發光發勁極大。用皮毛發光，其勁強大。

腿腳要有勁乃成勢，不同之式就要有不同之勢，否則就無意義，式又有何用處！所謂勢者乃周身鬆柔、腿腳有勁，蓄勁待發之能量也。

　　勁由腿發，發於腿者乃勁非力，以腰使腿發，主要還是在用腿之意力（即勁），此時腳就很自然的有根。周身不自動，全用腳腿腰之意力，總之勁要由腿發出，腰腿即可配合行動，不可亂發。勁不發於腿，周身勁就散亂，即無下盤，如此即可很清楚的感受到「**其根在腳，發於腿，主宰於腰**」。

　　絕對避免用動身鼓盪氣，是用神意，以神意來鼓盪。纏是用意想氣勁纏，不是身纏。

10/26 ── **升降勁**─彼用力推來，我坐胯後，退用腰脊將後腿上提，進時用臀向下壓。用上身提下身時，下身隨之變柔，故亦是鬆柔勁。

　　雖用上身將腿上提，但勁卻在腿不在上身，與*10/25*所言之發於腿相同，但身更柔，並可加將彼浮起之意浮之。

　　一動即受阻，氣即入骨，胯即生陰陽，腳勁即不斷，此中已含站穩，勁已入腿，此即「動即不動」。

　　研究雙方剛柔即是太極。以柔克柔，用虛柔處纏彼，只要是虛柔處均可用來纏。自己可以一人練，或

彼有硬力我不管它，只用我虛柔纏。

10/27 ── 對敵用腰胯，腰胯勁不可斷，方有蓄勁存在。

以腰胯對敵，肩背力一定讓給腰胯，呼吸在腰足。

以意識將腰胯勁使出來，不可斷勁，要曲蓄而有餘。

自己一直要保持應對猝變之腰胯機勢，尾閭中正，應對八方。

打拳不是只動作，而是心中要有用腰胯與人作戰之意，勁氣全集腰胯使用，不許在上身，上身避戰，下身作戰。

呼吸全在尾閭腰腿，不在上身，在上身為浮。

凡動一定先微微開檔，開檔後自然就會用腰胯對應，一動即開檔為必然之需。一開檔什麼機勢都有，不開檔什麼都沒有。

動時順便將檔打開，呼吸蓄發都在檔裡面。同時將踝一旋，與腰胯配合一氣運行，此完全在配合腰胯作戰而做，主要還在發動腰胯對敵之勁。

此符合前記「**胯動應萬動**」之意，要想用胯對應，意勁就要保持在檔胯。

養成習慣在要動之前先開檔旋踝，作為一定之理，此中已含站穩之勁。

　　練拳時要注意到壓力一來，即威脅到自己的腿，要多多留意此。要以腰腿氣互相呼應來應變，柔活異常。金剛腿、柔綿身，每動都有將被壓倒推倒之意，此即叫做練，練自己的意氣勁。

　　凡動都要有腰胯作戰之意，要研究對手，不要只研究自己。

　　每當上場練拳，一定是腰胯接戰，肩手避戰，腰勁結合踵勁，兇猛無比。

　　每動必先開檔旋踝，如此才能稱之為拳術。

　　所謂腰胯作戰，乃是調整腰胯變化，即前記「**胯動應萬動**」（抬、摔、阻等都用胯動），及又要站穩又要柔身，即是此種情境。此時兩腿運動量極高，功夫進步極大。

10/29 —— 每動都要有以腰腳與人對應大動之想，在原形中先動一下腰腳再說。腳上要著力而不用力。

　　用腰胯勁與踵踝勁結合而動，此即是拳經云：「**由腳而腿而腰，總須完整一氣**」。將肩肘吸入腰胯。

　　不在作招式動作，在作柔身。要柔身就要全以胯

腿運作，力全集於胯腿，上身有一點力就生僵，如此運動量極強。

應敵用胯頂抬重物之意抬彼來力，不管彼力如何來，我從下向上接住抬之，可立於不敗之地。

發，勁向內打，不是發向對方，由皮毛向自己身內發，勁才強而不為人知。

10/30 —— **沒有化，只有發**—用抬、浮、退縮、吸退、縮趴之勁發（此皆是意動，形不動）。勁向身內發，勁即由退縮中產生，不是用僵力向前衝，此為定理。

每動都要先有腰腳先大動應對之想，兩腿始有根勁，才能金剛腿、柔綿身。

10/31 —— 自己練時心中要有兩腿大動之想，配以臀底吸地氣，腿才有根，迎接強敵。

身有受到威脅感之想才能認真，意注於腿，預備大動。胯動應萬動。以胯抬敵，開檔旋踝為一定之理。

11/1 —— 每一動作都要有好像要把對手弄倒、浮動之想，神意才出來（產生神意之意）。

將氣吸入身體，在內心走化，不在外皮。

不用常心應敵，要用接而不接之意，腰胯腕踝不離扭旋。

要有真想把人摺倒之意，勁就到腳上，才真能產生效果，如只用摺，勁就到不了腳，要在摺中帶翻或摔之意，勁就到腳。總之，如勁不能到腳，人就不會怕，能到腳才能制人。

如此就是「用意不用力」之用意，在練架中用抬、翻、摔、拾等意勁才是真材實料。若無此意，便只是玩玩而已。

凡動或接敵都是要入骨纏，即氣要歛入骨內走化，不要在皮毛筋肉。

凡動都要很認真地把勁提起，用胯來把人擊出之意，否則動就無意義，要「**須認真**」，要知用功法，心中要有抬、浮、鑽、阻、吸、拾（向下撿東西）等動腰腿之意，才切實際。

腿胯在心意中先大動，「**須認真**」就可以做到。腰勁結合踝勁，目的在發動腰胯動能，腳著力而不用力。

穿—用腰胯下沉之意穿彼檔下，身欲穿而未穿（意動而形未動）。

彼發我，我化中求發，我發彼，我雖發實化，化

發一體。

一見彼浮動，緊接著立即以吸發之。

11/2 —— **預備心**—心中有預備大動之預備心，天靈（天上的靈氣）即下降於腰腿，有可衝刺之感。太極拳處處都要有預備心，乃是勢，動時都要保持此一狀態。

兩胯互吸—為發勁，在動作中用前胯吸後胯，用後胯吸前胯，都是發勁，在動作中練習。

11/4 —— 身無蓄勁與發勢時，不是不能發，只要定住身形，一做蓄勁就生發勁。

11/6 —— 彼向後仰化，我用後腳拔鞋跟之力，彼即毫不可抗拒地跌出（扶按住彼，專心拔鞋）。

呼吸用外氣合內氣，在皮毛之外都是外氣，意想與我內氣相拉扯。

11/7 —— 好像身上被冷水淋到似的感覺，於是內氣即產生。

11/8 —— 預備大動則氣遍周身。

須認真，好像用力。

往下縮，縮的是意與勁，並非身。

屈膝蹲身往下縮，樁步穩，胯自開，要向下縮才能上柔下剛根穩固。

11/10 —— 所謂「發勁」乃是將自身內勁發出來，並非將力發向彼身。

練招式乃是內練各種勁，不是走形，走形乃空動。

昨授人以意用腰胯將肩肘吸入腿內，彼氣感很大。其實練拳均在將上身勁力吸入腿內，不要浮於上，要勁集於腿。

11/11 —— 有化必發，在化中做發勢極為重要，如練得好，攻無不破。

11/12 —— 沒有自動的，自動都是錯的，不知要如何動，可先用「裝腔作勢」動。

用腰胯不用肩臂。吸天上星星，把星星全吸入腰腿。凡有行動就用吸，不是動。要動胯要先動，胯之外側是在前線之兩悍將，有人侵犯我，即先動胯，悍將應敵。

心中以意用胯抬敵，如不用胯抬，勁即在肩胸，就有危險，居下風，用胯抬即占上風。

11/13 —— 身有受威脅之感，腿勁即生，要認真預備用胯大動，胯動應萬動。

裝腔作勢身才柔、根才穩，才能金剛腿、柔綿身。所以做功法不如用心法，以心法促成功法。

勁集一處，隨機因勢變換，才能以柔應用陰陽應敵，無論攻守都用之。

11/14 —— 舒腰舒胯，用於胯動應萬動，用胯呼吸求腰胯之舒暢，勁自會下沉，一切動都是這樣。

動中力求不動，勁即下沉，任何動都要如此。如發時即求不發。

求舒暢要求腰胯之舒暢，則意全在腰胯，用腰胯舒鬆全身。

11/16 —— 兩腿要保持好像用力，並保持開檔鬆尾閭，即可用腿踵呼吸。

11/17 —— 前進用尾閭後側向下插，此發勁也。

腿愈堅，身愈柔，全在意識。

11/18 —— **堅腿柔身**—腿愈堅，身愈柔，金剛腿、棉花身。

　　授人互相推時身求舒、順、藏，腿自實，被推者推不倒，證明很實用。

11/19 —— 只要作勢就已經發，無需真發。拳為勢，所以打拳是在作勢，無勢非拳。

　　要有虛實，沒有虛實就是雙重，不能變換，即無變化，何來拳！

11/20 —— **隱骨**—隱骨化無，縮骨成點。凡動都是作勢。

11/21 —— 力要用而不出勁才大，如心想要某一骨節用力但用不出來，勁就大。發勁用氣在腰腹轉動，勁更實在。

　　「**腰似車軸，氣似車輪**」，是以意將氣前後、左右都要轉。有力壓來即以轉化之。今遇二同好，以前後轉，彼跌甚遠，以左右轉，均被壓倒地。

　　用虛接彼力，是非常好之接法，接勁必須用此。

11/22 —— 補足身體內空處之勁，尤其是腳與小腿。

好像在真用力，周身即有力，實際上是真不用力，此乃勁。

出拳騰空自身打人很痛。

胯溝送出亦是發，意送未真送。

尾閭尖放鬆用處太大，可發、可化、可閃。彼衝來本用閃，用鬆放尾閭尖亦可用，其中有蓄。

11/24 —— 吸才是發，不是向前打。吸中放鴿，即發中有化。

力由脊中發，力全集於脊，即全身已作勢。用意抬胯一定就已有蓄，即可「**引進落空合即出**」。

纏—腰胯勁與手足勁一起纏，先用意纏手及臂，隨即勁由腰胯產生，腰胯與手之勁一起合一纏，足勁亦隨之加入纏。因為手勁單獨纏效果不大，要依賴腰胯之勁來纏，腰胯之勁又與足勁配合為一起，此皆自然而然而成，毫不勉強。故手一纏，全體都一起纏，因為手纏要靠腰胯之勁，勁乃大；腰胯纏也要靠手纏之勁，所以為一體的。妙在手纏用腰胯勁，腰胯纏用手勁。

主要以腰胯勁纏，要用腰胯勁先用手勁微微一纏，引出腰胯勁後，以意纏周身勁。如勁斷，即用手勁再引或用足勁纏來引腰胯勁。

11/25 —— 多練蓄，蓄中有化、發、接、掤等勁，蓄中寓攻發之意。蓄中有吸，吸就是發，蓄中找彼空間吸，或用虛接彼力。只要想兩臂纏，全身就纏。

纏—纏不可纏想纏之處，要用他處來纏想纏之處，或想纏即放棄不纏，不纏反纏。

氣全在腰以下迴旋鼓盪，不可過腰。如要上提亦要用腰勁提，下放也要用腰勁。氣如齊腰之湖水，由腰勁向下呼吸、迴旋、鼓盪，如此，對手就摸不到我的勁在哪裡。

吸入天上氣，

引至腰下用。

尾吸地氣引天氣，

全數引進胯下用。

11/28 —— **縮身入胯發**—以意將肩手、胸背及對手之力縮吸入胯腰來發，為良佳不為人知之發，類抱肚、吸腹、胯腿吸入腰。

接—無接即不能發，用虛接如抄東西然，去抄彼之硬力，一路抄（用虛抄）就是一路發，像用鏟子抄物似的。

虛無—練虛無不練實，自身之虛無合上身外之虛無，全是虛無，絕不著到實，用虛無去抄物才有實

感，只是心意有此想望，好像有即可。身上毫無感覺才是虛無，求假不求真才有真。

12/1 —— 打拳柔身要放鬆尾閭尖。在心裡上除有受威脅感之外，兩腿要覺得累而乏力，如此反能生出柔勁。

12/2 —— 太極拳是練僵為柔的功夫，練硬為軟，練有化無，由無生有。

保留虛處十分重要，與人頂抗不用實處，刻刻求虛用虛，溶化實處，以虛為前鋒。

纏化一體，纏為化，在虛化中纏。絕對沒有動，要動時只能以腰胯動。

12/3 —— 凡發都要用吸，向前面吸彼，如用胯溝吸。凡抱肚等都是吸，不是一般的俗發。

12/6 —— 全在化僵為柔，以纏為化。

作勢—不可凡動，凡動就是亂動、亂移，用原形原地作勢動。對目標作勢，不作勢兩腿即無勁。作勢用腰胯，身才柔。一作勢兩胯自有陰陽，化僵為柔，故凡是動都是腰胯先作勢，姿形自生，作勢才有勁。

打拳乃是在作勢化僵為柔也，使身上一點點僵都找不到。

12/7 —— 授人「翻」極為有用，只用氣勁在腰內翻轉，上向下或下向上。翻時肩上之力交與腳上用，雖翻腰，但心中要翻身，似翻跟斗似的。

12/9 —— 把臂手等用腰縮向腿發人，只要一碰到彼身，彼即跌出。此時，手毫無發人之意，只管把自身臂肩等用腰腿勁縮向腿，心中有將彼發得很遠很遠似的之意，但絕無用俗發之意，只管自己縮就是了。此手可引伸至任何姿勢，只要縮即可。

　　送肉—發勁用心想送身上一塊肉出去或給彼，是一種神奇的發，或用吸氣回發。

　　有無—發時先有發的動作在心，待真發時不但心中只求舒身暢身不做發，更要消除身內一切有為之勁、力、氣（只用意而不用身）。

12/10 —— **開檔**—練拳實是以一應萬，一開檔一切動作都可動，凡要動即先開檔，動作自成，只管開檔即可。

　　以縮為發—縮脅、胯側以及任一處，均能縮向腳

上發，縮即生發。

　動之勁取之於分檔，加以旋踝，不可亂動。

12/11 ── 「**致虛極**」《道德經第十六章》─打無形之物，明知無物而打之，為而不為，打而不打，即先要有打的意識，然後在打中求不打，求不打即致虛極，而有生於無，即生內勁，練發勁的勁與意識。

12/12 ── 要以腰動胯，心想腰胯用大力，要能做到勁貫於腳。

12/13 ── **纏細絲**─試人，只要受壓力就可在肌膚纏，在臂中心轉，旋轉細絲，彼則比較難對付我，細絲亦可在身內各處無定位，甚至可在身外，因敵而變化，此亦纏絲也。

12/14 ── **裝填子彈**─沒有什麼化，只用接彼力，接上就發，正像裝填子彈地接。在身內以內勁接發，著力在腰腳。

12/15 ── **全在呼吸，所以無形無象**。凡要用力動時，即先呼或吸，全在心神意氣的作用，不在肢體動作。

12/17 —— 改去先俗動之習慣，心中一有動作，先翻腰中氣就是了，或直接引用胯動。只單純地翻腰中氣，就有各種動作的作用，其奧祕就在於此。

12/18 —— 腳勁一空，全身即空。

12/20 —— 主宰於腰，以腰帶動胯，腿不發自發，腳不跟自有跟。

勁一定要壓於胯以下，以肩背助腿動，放棄自動。

致虛無—心想運氣，但在運中求不運，而氣已生，即空中有物，虛中有象，勁的強度與品質就高了許多。

12/21 —— **動胯救危**—只要稍感威脅即刻動胯救危，平時練拳每動都要練此心理。

彼一動，我搶先將胯腳一動，彼即跌出。關鍵在於上身未動，打彼不知，也是胯動應萬變，實屬妙極。

12/22 —— **氣貼背**—氣藏於背，歛入脊，胸背始柔。

12/23 —— 求腰胯腿腳內部變化，氣貼背。用肋側柔上身，使上空下柔。

12/24 —— **腳腰斷繩**—意想腳踩住繩一端用腰拉斷，心拉身不拉，以強化腰腿氣勁。

　胯翻—氣勁在胯中翻動，四方都可發，熟練之。

12/26 —— **外頂內變**—與人相頂，要用內變內化，不動身形。內變是內勁翻滾變化。

12/27 —— **內呼吸**—一著到力即做呼吸，轉動內氣將力化掉，使著不到力。

12/28 —— **蹲勁**—很厲害實用，要在動以前先下蹲（意蹲身不蹲），使腿腳先有勁後才動。有人加力於我，我一用蹲勁必可化解，而彼已跌出。

12/29 —— **鬥牛**—與人玩，彼用蠻力，我用虛應之彼均跌出。彼很輕時，我用背向後發光或吹風鬆化自己，彼跌很遠。

　上下天梯—在頂中化人之力還是要用脊，向前迫彼亦用脊，用氣在脊內上下游走。

2001/1/1 —— **實來虛應**—太極總是一虛實，彼實來我以虛應，虛實分明。不要亂動，動必用內勁圓轉，一有相頂即圓轉。

太極拳無招式，只是一陰一陽。

1/3 —— **放鴿**—即是將實處放了，向下放（沉），虛自然出來應對，此即是隱身。其中有下蹲與蓄，同時用內氣挪翻更佳。

1/4 —— 當以怪挪作勢動外形時，即以變動內勁配合。

無論何處有動靜，都是以腰助胯腿解決，上身虛空。

1/7 —— 將實集中於一處，越小越好，總這樣分清虛實。用內氣變換應變，先把腰腿腳擺好，擺在地上。

1/8 ——以臀磨地、擦地、進退用臀挖土。以吸身後之氣代以身向前發。

兩胯為兩儀，尾閭為中軸。

1/9 —— 一切用胯腿解救，帶領上身，上身不自救。

1/10 —— 抖勁之根要在腳，腳才不浮。

　　縮筋縮骨—縮入脊，入脊中一點，我筋骨連天地，一起縮入。

　　滿身細小神經、小血筋，向身內一點縮，並有擴張之意。

1/11 —— 全不動，動全以吸氣、噴灑等勁代。臀不離地磨，配以寬胯。一切以腰胯腿解決，是以腰胯化清，求腰胯之順暢。

1/12 —— 想旋處不旋，改用腰椎之力旋，或用別處骨節旋纏，這樣就全是意，不生僵力。如以腰胯之力旋腕踝等，則周身氣勁在旋。

1/13 —— 以意開合胯肩，出手勁大十倍。

　　勁不可散於足手，要用腰胯為主宰來動。

　　手微想動，腰胯搶先動，腰胯一動，萬事了。

　　凡動，都要先想動手，隨即鬆手不動，同時腰胯搶動，與只先動腰胯不相同。

1/14 —— 在手（臂）接妥時，用手（臂）吸或放光即可發，用纏旋身內勁亦可發放。

1/18 —— 把彼力引至一側或一點十分重要，引好後用別處之勁發之，這是虛實應用之妙。

1/19 —— 雖不拼鬥，但要好像拼鬥，不用手勁乃出。

　　以腰使腿柔腿，就可完整一氣。腿雖不用力，但好像在用力，則氣勁充於腿。不動手，就可全在下盤。動胯，應將腿腳合為一氣。

1/20 —— 好像猛鬥，以新替舊（原動不動，改由他處動），如此則用虛棄實。

1/22 —— 放鴿子猛鬥，一面放實，一面用虛攻。

2/1 —— 迫緊時是放鴿好時機，彼迫來我覺壓力漸增。然後用放鴿、吸、放光或皮毛發，或用抱遠處山回發。

　　彼壓我至相頂，即用**實處放鴿，虛處圍攻**，或用**抱遠山發**。

2/5 —— 頂力多重，彼壓我之力多重，即如弓張得多開，用力相對多大。

　　總不能只放鴿，要彼放此捉（吸、抱），此處放

（令彼落空），他處發。

發勁用吸、放光、吸光時都要加趴拾之勁。化用虛吸實即可發。放光是放自己身上之光，吸光是吸遠處之光。

2/6 —— 純以旋扭，彼即被旋走。練時心中有旋脫頂到我身上之物之想。

不可只有化之心，要在化中求制彼之機勢，以虛吸彼，放（吸）光發之。力求順勢，進退化發都要有發彼之勢頭。一受壓迫，立即用旋虛處，或以虛吸、放光等發，副以趴拾之勁，如此應變極快極快。

要求內勁轉變靈活，不可鼓勁呆滯。全在練放（鴿）吸（發），一吸一放，內有陰陽。

力著在跟與頂，天與地，不在身上，在身即僵。

丟而不離—丟脫實接處，丟而不離，令彼無從發放。丟用放鴿、不玩之心。

2/12 —— 求舒、求順。

2/13 —— 打拳練將背勢轉順勢，實變虛，虛變實，以身內而言，不是外形。

背愈多，轉回的順愈多。以背勢先引之，然後才

有大的順勢，成正比。

2/15 —— 發人制人當然要用虛處，難道要為人知道，丟失陰陽？把實藏起來，不讓人知。

　　制人發放先要把彼捉到身上，以扶彼，怕彼倒之心，以求得機勢，不要先一心要把彼發出。捉好後用虛吸之來發，也不是用發彼之心。

2/16 —— 氣不在刻板地運，而在變化靈活，虛變實、實變虛，令彼防不勝防。

2/17 —— 完全忘掉自己的動，全動意氣，以意氣帶動肢體，日久功夫自成，非同小可。

　　動時不要想動，也不要想要用力，只想以心意鼓動意氣即可。用動與用力都無太極拳，不要認為已是在打太極拳。

2/18 —— 旋腰腿勁要以手及臂之勁來旋動，於是上下一氣貫通，練周身氣勁。

2/19 —— 第一招用後如遇頂，不可繼續頂，即乘機變換，棄實擊虛，是為至要。**逢頂必變。**

運動完全是用意識呼吸的力，不靠半點筋肉之力，是內呼吸，以氣歛入骨，以骨和骨髓呼吸天地靈氣。

因逢頂必變，故動必用虛，動時一定以意用虛。

不要忘了要站穩自己，在任何一動中都要保持站穩自己，要柔得透，站得穩。

2/21 —— 「勢勢存心揆用意」就是要懂得以意如何運作，就可「得來不覺費工夫」。「意氣要換得靈」，換是變換虛實陰陽。

力由脊發，乃先動脊，以脊呼吸。

2/25 —— 以天地氣合上身內內氣，所發之勁即不一樣，天地氣以意從皮毛吸入。

2/27 ——

1、推手用抱起彼之心，不要向前，於是勁在胯腿。

2、彼慢慢逐步迫來，利用彼動以取勢（以胯腿取勢）。

3、皮毛吸入之氣入身後，將氣吸入筋脈後沖向骨髓，勁大增。

4、呼吸不用丹田用身，即進入另一境界，才是會
　　了太極拳，即身呼吸。

5、鼓勁時用骨來鼓，功效特大，即呼吸之根在
　　骨、在脊，如在筋，則生僵力，為人所知。

6、全用骨呼吸，其功不可小覷。若用大椎呼吸，
　　即全身氣充。用尾閭呼吸又有不同感受，再試
　　試用其他關節呼吸。

7、氣吸入腰椎，勁大。

3/1 —— 動作快時意氣即離，腳跟即浮，故凡動都要
慢，以固腳中氣。

3/2 —— 纏繞不能依固定的形式，要因應虛實變化，
活而不滯，方能應用。如用時以腕領、腰領、足領、
頂領，視情況而定。

3/3 —— 意在精神勁大很多，品質佳，即忘掉身與
氣，以意合精神，並合天地氣。

　　虛實—只要將頂住有感覺之實處放鴿不用，用感
覺不到之虛處貼或吸，即可將之放遠。

　　習危—即作敗勢、倒勢，反可得勢。只要作敗勢
即產生反擊之發勢。

敗勁—用敗勢來化，敗勢中有發勢。

揉—動是以腰椎配合四肢揉自身，化發都有了。

用到力的地方都不要用，身才能柔，產生柔勁。

將僵實化為虛氣，有化為無，遇頂時以此解之、發之。

不要認為遇力時用僵頂為有效，而是要化僵為柔，才能破敵。

3/5 —— 一般想要動都是先想到動身，練太極拳要先以神意先動氣，然後自然會把身與氣丟下，只有神，而化成一陣清風。

棄實換虛、棄舊換新為化風之本。

動即求不動，神意先行，即未動未呼吸先用神意。

以動作帶動呼吸，以呼吸帶動動作，交替使用，呼吸是指內氣的內呼吸。

3/6 —— 好像就是用意，很重要，功就在好像。

脫離自己即可脫離僵、實。

遇頂不可硬前頂，要以柔應。

3/7 —— 纏是在化（纏已是在粘人，粘中有化）。

旋關節不只是轉關節，要以關節轉周身之氣。用旋氣即可發人，不是用意導氣來發，也不是直推，用內氣旋轉即可，氣在身中旋，彼自出。

拳無拳，意無意—是言心中沒拳這回事，也沒有拳的意想。

3/8 —— **為無為**—雖有心為，但不去為，即想不為，太極拳即是這種境界，此即動中求靜，動靜合一，動中求不動，用意而不用力。

3/11 —— 有心無意，不用意又輕勁又大，心中只知有此一事即可，此即全是神了。即是在為中求不為。

為而不為，為無為即可不用身、不用氣、不用意，最空最厲害。

要用而不用，為而不為，始有實效。

3/13 —— 對應來手用身腰中遊雲來應，不用手、不用招，用氣似遊雲心如風。

3/14 —— 「**為無為則無不治**」《道德經第三章》—為中要有不為，棄身、棄氣、棄意，為無為，無為而無

不為，此在太極拳是具體的印證。不為是不用外在肢體、動作，無不治是言由於不為而產生內在意氣，而能使用意氣制人發人。

3/15 —— 只要練氣旋轉變動虛實即可，但仍要為無為，而有內在意氣產生。內在意氣不可固定不變，要變易、求活潑。

3/16 —— **妙絕**—妙在腕手一轉（只意轉，未真轉），氣即處處都到，只有氣動，不在鼓力、身動。

氣要到周身，腳浮只因氣未到。

3/17 —— **神意發放**—以神意收緊氣在臍轉動，不讓出臍。收之力即是發之力，一面心想發，一面將氣控制在臍內不讓出，並吸入天地氣。

3/18 —— 發勁不要有用力發出之心，要用脫離己力之心。

盼望、期盼—擊人走化只要心中盼望即可，不用意領，氣自會動，即全是神。

3/19 —— 敵攻來，一定順勢做個敗勢，敗勢中自有攻

勢。不做敗勢，反無攻勢。因為在敗勢中，氣勁已沉於腳。

3/22 ── 以肋側引彼接彼，以騰出虛，以便放鴿捉鴿，虛要大。

纏要兩臂之內勁牽引周身勁。

以敗取勢很好發。

不可老在一處纏，要變化用虛纏，不可只按自己主觀纏，要順應彼勢纏，愈靈活愈好。纏者，氣勁在身內扭旋。

3/24 ── 運氣、運動中什麼都丟下，就是不要丟下氣。丟脫身與動，力繫於腰脊就可以。好像用腰脊把巨物重物吸起一樣，用意吸起，不是用力。

3/25 ── 呼吸，拳在知呼吸而已。一有動靜，搶先呼吸，呼而不呼，吸而不吸，一切身意氣力動全都丟下放棄，只有呼吸而已。

用臍呼吸，丟脫身體練呼吸，呼吸是為了鬆散筋骨，外界一有動靜，即搶先以呼吸因應，比用腰腿柔活而勁大。

3/26 —— 不但放鴿，更要棄此取彼，即將發意丟卻，另作他想。如發勢已有而不發，改以撿地上落葉之意，彼已被發出。

3/27 —— 力由脊發，勁乃可整體。呼吸在脊，即是力由脊發。如由他處發，身上的勁就散亂。

3/28 —— 發以呼吸發為最佳，一則人不知，二者快迅，三者勁大。以意想著呼吸發，勁大甚多，彼跳離甚遠。

彼以大力制住我，我不可無虛實，以使頂力偏於一側或一處、一點，然後棄實取虛，棄此取彼發之。

4/1 —— **抱空抱虛**—很厲害實用，以虛抱彼之虛不抱實，抱彼身外之空氣均抱出，且很輕靈。

4/4 —— 先引出實，隨即抱虛空，彼若很輕且未進，以意引彼之意注於一處而成實，隨即虛抱空，為最有效之虛實應用。

4/9 —— 避實（不要著到力）即可得虛。一定要柔才不倒。

不要用實就能得虛，避實、消實、去實，自能得虛。

4/13 —— 每動都是變換虛實，虛實不可不變，虛實在自己意識，著意之處即是實，先要著意在一處，使有感覺而成實。要這樣分清虛實，然後才有實變虛、虛變實之應用。

發人用意在精神不在氣，在自身上下轉圈即可，在身內有一個圈在轉即可發，這要在接住之後，才能有作用。一切發，都要接妥以後才能發。

4/16 —— 不穩即倒反不倒，心存倒勢，反身能柔腳能穩，每動必須如此，以柔身固根。

推手之靈活不是腰以上之靈活，乃是要求腰以下腿腳跟勁之靈活。

完全在吸地氣，由湧泉入腿入腰而至周身變化。

練敗倒之勁，在敗中求取勢，上半身只有頭頂與脊，他處全放棄。

4/17 —— 不可用肩手應彼，用腰胯接，腰胯內要求靈變，敗中取勢，敗乃為了取勢求勝。

搭手中注意擊彼小腿及腳跟。

發時如不以虛抱空，亦可以虛包彼實處發，使之無迴旋之餘地。

　　進用站起之意，退用下坐之意，但非真站起與下坐。

4/20 ── 動來動去不可用常動，用常動身必僵，要用虛處動、皮毛動。

4/21 ── 敗倒的方向是要順著來力方向倒下，一般是站住不敢倒的，哪知敗倒才能得勢制勝！

4/24 ── 腿站不穩而要倒下去，原因在於腿中氣阻滯、流轉不順暢，能順暢就不倒，要打通腿氣。

4/27 ── 無論身動氣動都要著力到氣或虛處才能空，不可著力到身與實。呼吸用皮毛或手足，並不要著力到身或鼻或實，身才能空。

　　要在為中求不為，不可為，才鬆空。身動乃鼓動氣動。力著到氣，不要著到實處，不要著到身，即已是內呼吸。

4/28 ── 若心裡用手發（攻），人一定知而反攻或走

化。所謂發一律用吸，用虛抱空。

不要打出去，要把彼吸回來勁才大，人不知。

5/2 —— 全身透空比敗倒強，求周身無一處有僵、卡，使全空，在全空中敗倒，定住小腿不倒。

5/5 —— 要用腰腿來化才能有效，以腰使腿不用手。

擒拿要保持使彼一動就痛之狀況。

5/8 —— 不但雲手用回身看，即使進退也可以用此勁。

打拳動作要以調變腿中內勁為主，不可自動，以腰或上半身調整腿之內勁才對。凡應變要動即都不要自動，搶先以腰調整腿勁即是動了，自動即礙事，自動即是一般的凡常之動，必生僵力。

5/11 —— 虛抱空，以虛抱彼之空，接手都是發放。

5/29 —— 動與力一定在於腿，身才柔，兩腿不求撐得住，而求輕靈、鬆得開，讓彼落空。

任何動靜呼吸都要及於腿和腳。

5/30 —— 管它如何動，只在腿中呼吸，即身柔根實。

6/1 —— 動以用挪褲腰呼吸腿氣最切實際，不可用肩背上身動。

應對快速的大動作，身尚未動，下盤腰腿已快速大動，彼已跌出。勁在內不在外，乃為意氣及筋肉柔軟之力。

下盤變化才有用，上盤變站不穩。

意識好像在只用腿不用手的游泳。

6/4 —— 打拳在練腿，突出腿的動能與呼吸，腿要扎實靈活，上身之力全運入腿內運用。

在快速中尾閭尖力求保住中正，不離中正。

6/5 —— 每動前先開檔落胯，以使兩腿無力（力轉化為內勁）、腰胯即靈活。

不倒翁—外動時，內部勁與氣一定要快速流行以穩身。足勁先動以求有根，不倒靠內氣快速轉動，不是靠形體支持。足要柔軟如蹼，打拳外有變化，內勁一定要隨之變化流動，一定快速不可少滯。

6/7 —— **內氣活轉**—一口內氣要能迴轉，遇阻要繞過

阻滯，如水流前行、連貫不斷，才能化人之力。呼吸中求全身透空，消去僵力。

6/10 —— 行氣以腳為根（周身氣連貫於腳），不倒翁。

6/11 —— 粘化時不可氣滯不動，要節節配合流轉，一動全動、引勁落空，消化彼力於無有。

　　心裡存著就怕腿內腳上失勁、失氣、氣不流，則人不倒，不要想應對，只想不讓腳腿失去勁與氣。

　　沒有只上動而下不動的，只有下動上不動，下動即胯腿勁之變換。

6/12 —— 以身向前方吸氣，發得人不知。

　　注意彼來力，吸彼來力，還以虛處，彼必跌出，可練到出神入化。

　　求順亦可發，求順、空、暢為必然之法，一有力來即求順以虛發。

　　纏亦要求順、空、暢，才有大效。

　　求虛用虛總是必然之法，才能人不知。

　　兩腿兩足不能空，空則失根。

　　彼急變亂撥，我穩住腿勁，腰腿中轉氣，彼必無

奈，踝同時旋扭，根更穩。

用兩脅皮毛包向前，彼即跌退。

6/17 —— 就一因勢就勢，就人之勢，順人之力，用腰腿勁求順隨。

6/18 —— 引一彼不動，引之動。勁一加彼身，彼必反應。彼若頂，我隨即放鬆，就彼之勢應用，必須要聽清彼勁。彼若鬆化不頂，即迅速極快地順勢用腰腿勁進迫，不可用手，使彼不能回身，必跌出無疑。

凡動先原地交流兩腿之氣，不可滯。

以大腦為天或隱身發，勁大增。

一切動都是運行腿中之氣。

6/19 —— 用兩胯應對，即不敗。左有壓力，以右胯消之；右有壓力，以左胯消之；左右有壓力，以扭動左或右一胯消之；中有壓力，以兩胯鬆放發之。

6/23 —— 轉腰攞只以意轉帶脈，既輕而勁大。用發光隨時可發，迫人用虛處發光變化。

6/25 —— 沒有定型，一定要知動哪裡及要怎麼動，動

是要動最虛處，彼壓你何處，你不用壓處接，用最虛處咬彼要害處，一面脫離彼之實（放鴿）。

以呼吸避動，以去僵、去力，有動即以呼吸代之。

發—以發光帶吸即可。要學應用之法，不要空練架式，人來即發。

6/27 —— 靠軟不靠硬，用軟不用硬。

倒時靠軟撐，攻時用軟攻。

應蠻力可用放鴿發之，或引彼之力在一處，再以虛出擊彼實（換勁最好）。

接手即用敗倒求發勢。

6/28 —— 不可只想化，太軟弱，接手就要求發勢將彼打出之心。假想彼又快又猛，我用敗中取勢擊之，敗倒即是取發勢。

自己一定分出上下，用下不用上。

7/2 —— 消掉自己肉身，像溶化冰淇淋一樣溶化了。化為一陣清風，老子謂：「**及我無身，吾有何患。**」《道德經第十三章》則發人不見形，出手不見手，類隱身化風，用於攻守均宜，用呼吸練之。

7/3 —— 欲倒即用呼吸隱身，以充實腳勁。

動即不動，動即反動，則生腳跟勁，如一有進意急速存後退之意，但身仍向前進。一想用手打，意念上即不打，反有效（內勁生）。

7/4 —— **纏點不斷**—纏中一定要持續有新之起點才能綿綿不斷，才能使人頭昏眼花。

7/5 —— 千萬不要用一般認為「發」之思想動作來發，這樣根本是錯的。自己要動時也是一樣，不可用一般動之想，全有功法，才能鬆柔，才能有功（作用）。發時以不頂觸彼身之想為原則，以他處之勁發。

7/6 —— **頂石發**—假想石壓我頭頂、身體，都可用以發。

練水噴我、灑我發，練時一陣陣來，一陣陣反覆做，以增加本身意勁。

7/7 —— 腰腿要能用得出來，是成功的基礎。

在推手時，改用肘發。原因在於改用肘時，勁就由腰腿發出，手上無力。

7/8 —— 彼壓來，用自己搶先順勢敗倒（不可丟）以取發勢，不再用化。彼若不壓我，我自己做敗倒取勢（在心中做）。

發時先將硬力處化軟再發，不可即用硬力發，必用軟處發。

每動時也是先將實處化軟後再動，呼吸亦是這樣，在軟身中呼吸。

7/9 —— **換勁**—實換虛，實勁換虛勁發。

吸入腿中—由發點將彼力吸入己腿，以增發放之勁。

拳身—不用肩手絕對重要，將身手縮入腿中，下有根，乃是拳術之身。

腰腿發威—即拳勁。

拳要會用，會用就是要會用腰腿，能用得出來，肩臂全空。

與人推手不是推來推去，推來推去為動。雖有形動，但心要定靜，一心求勁勢。

敗倒中要取勢發，要取得發勢，故敗倒就是求發，不可只敗倒而無發機。

雙環玄功—摟膝拗步試以兩臀底（下側）旋環前進，彼不可擋，因此時勁已由胯腿發。

發勁用棄此取彼，即丟開實戰，突然另想他事，其中含放鴿用虛之意，亦即由實轉虛。例正在纏鬥，猝然丟下纏鬥回身看，或看天上白雲之意（只在心中想，非身動）。

7/11 —— **棄此取彼**—在相頂時，猝然假想搶接彼身後之球，棄此取彼，是換勁，即改變自己注意力，猝然改為注意某危急之事、物等等。

身從腰中縮入、伸出，練屈伸。發勁要用隱化自身，只以一點一處發光發。

用身內勁氣化來化去已經落伍，要由身外天地之氣來變化。

以劍指發人，發意不是用指發，指只是扶到粘到，引彼注意至被發點，真正發是用他處，如肘、胯腿，或用勁在身內走來發。

牽動四兩撥千斤，牽動彼之力顯出形象，即可以虛實擊之，使彼力顯出長形狀即是牽。

7/12 —— 用意吸身外及地下之氣入身內，再由意下貫入地，乃以意發，以氣發。風穿松林發是前面風向後穿，非風向前穿。

氣在地下以腰腳旋，身才柔穩，下重上輕，彼腳

亂。地下有八卦，練勁由各卦分別發出，不停變換。

　　遇襲虛咬—遇到頂我時，我即以身上之虛咬之。一般在我發人之時，彼若頂，我即以背上之虛咬之。我頂彼時，以棄實以虛咬彼實為佳法。

　　彼若對我衝來，我亦棄實以虛咬之。

7/13 —— **推手用我之實，留我之虛**—以我實處引彼之實，留下我虛，得以換勁發之。

　　穿彼檔發，心穿身不穿，不穿反穿。

7/14 —— 敗倒得透徹，即有發勢。

　　發勢以敗倒中取。

　　開檔落胯永不丟。

　　換勁是以實換虛。要找到虛枝條應用，如在臀後、腿側等。虛枝條是心中假想之枝條。

7/15 —— 劍指（食指與中指）發人時，用手指接住對方後，用身內勁轉動發之，可試由轉動臀底雙環發。

　　身外求之—雙方有頂壓時，我求之於身外，即意著於身外，使身內無力，並以吸彼發之。

7/16 —— **仙骨八洞上下合發，勁大**，由於勁較集中，

若用他處勁分散。

事實上，虛處以意一用，即已變實，因已有意在。所以能發人，乃是由於出其不意，令人不防。

7/17 —— **定勁**為根本。先開檔坐胯定住勁，然後再動，動中還是定住，於是全身勁均貫至腿腳，腿腳之勁不可斷，不斷地充實、保持最大之勁，但仍要崩垮（鬆），不可堅硬，也就是要保持是勁，而非力。

亂動—凡自己動都是亂動，一定要經由功動，主要是要保持己身鬆柔。

動時地氣由腳底、腳面經踝側、小腿皮毛一路上升，人即不倒。**裙子蓬翻，地下旋卦**。

腰胯腿腳定勁，旋轉不斷，同時要靈活崩垮、尾閭中正。

出掌以腰縮仙骨勁大—只想縮仙骨，不想出掌掌自出，如以縮脊則勁更大。

將尾閭吸入大椎骨，勁特大。

7/21 —— 先定住自身勁不動，假想是銅像那樣不能動，發人時定住不動，以電流通過身體中絲狀空隙即可發人。但要先接妥。

發勁以意不出身內一點之想發放，比用身外天地

氣旋轉還有效，人完全不知而生慌恐。

擊人要一空到底，不可到最後用起力來，反而要以怕用了力骨會碎之想。

全部消了自身之力，變成空氣，著力處在於著在自身之氣上發人勁最大。

7/23 —— 氣勁要保持成下濃上淡，像一棵樹一樣，下面是根。上面是枝葉，下面深濃有力，上面清虛空淡。但這是看不見的意氣與勁，不要亂動而破壞了這景象。

當然要用敗倒之心，用撐是撐不住的，撐住身體就僵，交給氣就可以不僵。一切著力都要著力到氣上，不可在身上。敗心是鬆柔之最上心法。

定勁擊發，定住胯脊，勁留身內打擊，勁乃大。以似怕自己骨碎裂似的勁最大。

7/26 —— 要倒時不可撐，要在身內收縮骨節求柔，不以力出於身來穩身。心中要倒就倒，不怕倒，反不倒。

7/28 —— 對蠻鬥還是要用換勁最有效，換勁比用動形體要高得多。換勁是變換身內勁的虛實，棄實用虛。

7/29 —— 取得勢處為軸，旋轉吾身內氣，這就是「**腰如車軸，氣如車輪**」。發時只想自己旋氣即可，不可有發人之想。

不但腰為軸，處處都可為軸，轉旋氣使人跌出。

處處都可定住軸旋氣，氣如車輪。

7/30 —— 只向下鬆塌就不倒，動移就會倒，根就浮。

向下鬆塌使人推不動。

怪趴就柔，每動都是在做怪趴，始終不可脫離怪趴，怪趴是拳，無怪趴是凡。並非真正趴下，只是心中作勢而已。

怪即是柔，無怪不柔。

7/31 —— 不要自動，用腰腿勁來動。

8/2 —— 打拳一點都不可自己動移，這是「先天自然之能」，是動錯了，是亂動。用胯腿腳使勁動移，每動都是蓄發引化，退中注意攻，攻中注意退，才算太極。自己要警覺到，不要在亂動中求太極拳。如果是亂動，必然是枉費功夫。

8/3 —— **乾坤圈**—用將圈送彼發，不理彼攻我，我只

送圈。不要用向前送發，用向下壓更有效。乾坤圈是假想腋下胸部有個圈。

8/5 ——

　　*1、*胸圈以下全是土石流（勁氣向下崩塌）。

　　*2、***渾元棍**—以心中旋動一棍，不用手旋，全用腰胯旋。不管別人，只管自己旋，四面八方都可旋。

　　*3、*因勢就勢，讓來力順暢的流，不可阻滯，讓彼力空流無作用。

　　*4、*用假想在一或數關節中打拳來發人。

8/8 —— 發勁，兩肩臂鬆柔不動，有實效。

8/9 —— 腰胯動，肩臂定住不動發。不用手是不用手臂之力，定住手臂為讓腰腿發出勁。

8/10 ——

　　*1、*彼力迫來，我以自身崩塌碎裂之想應之，重要的是要預留崩瀉空間，不因窮盡而生呆滯。如遇雙重，只要一側身，即生陰陽，可讓彼勁落空。

2、心中雖想要用手，但不可動，力要由腰腿出，
　　乃是勁。兩臂掤住不可動、不可用力掤，不用
　　力才是掤。

以虛咬彼發固不錯，但要緊在於要脫離實勁，棄
此取彼。

8/11 —— 有人用手捉住你、要翻你，你可利用彼抓你
之勢反翻之，功在腰胯扭旋，好像兩臂要翻，實用腰
腿之勁扭旋。

脫離戰場以單點前進，很實用，為雙重相頂時用
之，放棄一切只用單點前進。

常保虛領頂勁，用掤時人即不能進。雙重中求脫
離相頂，以單點前進吸，遇阻滯即靈換虛處，心中必
須只想用一點，他處一概不要用。

以意用腰勁旋腰圈，彼被甩出。此意可常練，以
增自身氣勁。

8/12 ——
1、用七星打拳，不可亂出力，力一定要以意想
　　從七星出，否則就是亂動。七星搶先出力，配
　　合身與頭頂一起動。七星為腰胯膝足。
2、身上處處都不可著到力，一有即身僵，要立刻

散開。

3、用棍扭壞窗格子之意發人最便利，心中必須用腰胯之力，無須用好大勁，輕輕扭即可。

4、用肘帶動一側發，棄此取彼，先用一肘浮之，繼用另肘擊之，或即改其他方式發。

5、發中用把彼引到我腿上之意，請之坐，使彼跌倒。

6、重要的在於用一肘時，兩肘勁要相連一氣，使全身勁一家。

7、**造太極**─相頂時乃渾元，有此渾元，即可造陰陽，心中只要一側，陰陽即分。

8、每動都要造太極，單純的動無意義。兩手請客，腰胯買單，用兩手將腰勁發揮出，手本身不出力。

用掤勁，手不可僵，掤中保柔。

8/14──

1、**定**─用哪裡發，哪裏就要用意定住勁（受阻）不前。

2、*承天之氣*─以作勢準備動之心，天氣即下降於身、沉於腿。

3、以掌心一小點散放合天地發，勁甚大，以粘

接處一小點散放發，勁亦大。

8/15 —— 動時，以身內兩根勁相扯相錯來動，不是亂動。彼大力頂住我身，我以兩根虛勁相錯化之發之。

　　發乃在發中定住己勁，如發用定住兩手前後交錯之意，兩手錯而未動，即生發放之勁。用定住兩腿交錯則錯勁更大。

　　將日月星水火風之氣吸入身內及發點（吸），再放大發點（呼）發勁大，且身形不見動。

　　定住腰不動，更順。交錯勁可用腰錯，錯而不錯，柔而不動定住。

8/18 ——

1、**橫豎活動棍（十字棍）**—心中假想有一棍，在腰胯先橫後豎活動成十字，可將蠻力推出。
2、**包袱布**—以虛包實，從彼實邊包彼整體。
3、柔身用腰胯調節才能靈活，內氣保持流動轉動則更活。

8/19 —— 在足跟內使勁，周身勁動。

8/20 ——

1、**明拳暗肘**—表面上先用手制彼，然後暗中改用肘擊彼虛。

2、將大椎定住，肩即不亂動。

3、**棍由腰使**—用腰勁使棍（全是意）。

4、隨時將勁全集於兩胯後側來動。

5、敗倒時，要假想有根柱撐住我不倒。

6、發是定住不前、脫離、呼吸代動。

7、接手未接住彼勁，以腰找接，隨即發之。

8、任何時刻彼要我兩點，我只給一點。

9、以腰找接，接好後發之。

10、彼衝來，我只要不接來力接他處，避開彼力，彼必跌出。

8/21 —— 搬自身腰腿，即心想搬人，不搬人而搬自己腰腿。

8/22 —— 氣向腳上運，吸呼在腿。吸氣用腳吸入身，呼用腰脊向下噴。

8/23 —— 心旋外界氣，實質上已影響到內氣旋轉。

8/24 —— 無論站或動，周身務須無著力處或著力點，只可著於腳。

意想用手撥不動、推不動、挑不動、移不動、提不起、轉不動（如牆壁大鼎大樹大石等），反有作用，才是真勁。意想是用手撥，手擋住不能動反有勁。

8/25 —— 以腰為主宰是以腰使胯腿，手上姿勢全由以腰使胯腿形成，並非亂動，故言「*形於手指*」。

以腰向下配合，不是向上運作手，而是向下運作腿，而後形成於手，周身柔如棉。

實處不可在中間，有雙重一定要將實處移在肋側才能變化靈活。勁著於乾坤圈（在胸部）或胯後側均有不同用法與作用。

如被制被拿，無從化解，應即只要一側一處一點，必能化脫而反制之。如再遇則再求另一側，棄此取彼，一有雙重即取一側。

彼急促攻來，我必以虛包吸發之。

全用意氣打才厲害，不可不信意氣之力。以外氣吸入骨內打，效果亦不錯。

8/26 ——

1、呼吸就是運勁，運勁就是呼吸。不可亂動移，
　只有呼吸沒有動移。

2、腰脊氣旋小圈即可擊發，合天地氣勁大。

3、只有呼吸運勁，沒有動，動則散亂生僵。勁
　源在腰胯，不可腳浮，所謂「**命意源頭在
　腰隙**」即是。

8/27 ——

1、發即似碰壁不前，配以將身脫離才妙。

2、發人只要以氣噴射出去即可，身為氣之架。不
　能用發心，只要吸入天地氣，從身手噴射出去
　發之即可。或用吸彼回。

8/28 ——

1、一柔到底，無盡止。柔必須柔全部，不可只柔
　受壓處局部。

2、精神能提得起，即神要用得出來，與意在精
　神不在氣同。

3、大腦為天，小腦為地，二者一合擊出之勁大。

4、以大腦為天柔身即可。

5、氣不離地，一刻都不能離。

8/29 —— 發以假想突然被壓而產生頂抗勁（代吸），不是自己縮，而是被衝壓而生，類隱化。

8/31 ——

1、動必用勁在身內運轉，動必求無力動。

2、彼我相頂時，用實側換至虛側，彼必落空。

3、連續纏，要邊纏邊變，不要一纏到底不變，如是則彼應接不暇。

9/1 —— 發人只要心想從身內吹出一陣風就可，不必想到運氣，但先要將彼接住才可。

9/3 —— 心讓三分，一柔到底，一柔全柔，則陰極生陽，陽極生陰，令彼背而我順。

9/5 ——

1、下盤不可空，氣不離地。

2、怪趴即已在用腰胯，腰胯勁才整才有用，否則散亂。

3、上身縮入腿，或將腿吸入上身來發，甚佳。抱肚、身突被壓、噴灑、圈下壓亦類同。發皆存定住，似碰壁不前遇阻之意，如是則內勁生。

4、彼暗中猝擊，我取身之虛點應之。

5、身倒小腿不倒，柔而無力更佳。

6、以呼吸搶先，欲動或出力即以呼吸搶先代之。
呼吸是內氣的內呼吸，並非口鼻呼吸。

9/7 —— 豈可上動而下不動，不可上移而下不變。意
欲動即不可亂動，要以下變、下動代之。下者氣在腰
腳間走動以應外變，應變不可停，停即呆滯，變乃求
安。上未動下已全動，人不能侵。

9/8 ——

1、運勁即呼吸，呼吸即運勁，十分厲害，其中
有纏絲，彼等均被纏住，太極只要能如此即
可。

2、內在氣勁似土石流加涵拔沉墜，效更大更活，
涵沉等乃求柔身增加變化。

9/9 —— 以意以掌將彼拿住，並勁發於腿，彼跌得
較遠。

9/10 ——

    1、發要用發光，同時勁由腳上縮，勁更大。只勁上縮亦可發，但要接妥。

    2、在用腳勁動，用之則腳有根。意勁在腰間用，腳亦自有根，以好像用腰力即可發，勁局限於踵內發亦可發。

    3、發之勁不外：挑不動、準備發、發光、吸、放棄、抱肚、關節內拉、帶脈轉、乾坤圈壓、噴灑、縮身入腿、換勁均是在求發揮腿勁。

9/13 —— 走得了，攻得到。繞頂而過，攻彼側，進彼背後。

9/14 ——

    1、挪褲換勁，對巨力先承接之，然後挪褲換勁發之，只要挪換即可，不用發意。

    2、對巨力不要用腿力拒，要向下瀉。

    3、先有渾元，然後以挪褲創太極發之。

9/17 —— 原來發勁用一點、一處之勁，即可全身出勁，因一點一處之勁要用身使出來。

9/19 ──

1、彼力沉腰腿相頂，用腳勁擊彼胯溝。

2、無力為最大的力，時刻在心中求，無力為神力，也就是勁。

9/21 ── 用挪腰上有癢處發很順，勁很大，挪腳背癢更大。

9/23 ──

1、在用力之中不用力，跟勁方強。

2、兩胯似用螺絲鎖住不離地，任憑推身軟如棉，腿不離地，任憑怎麼動周身如棉，兩胯不要離地。

3、旋踝挪褲腰，任何不得機均如是化解。發為向上挪，化為向下挪。

9/24 ──

1、五嶽（肩胯腰）一聚，眾星（各關節）跟從。

2、感不得力，因力已離了脊，力由脊發。

3、每動心中必做功，不可自己亂動。

9/25 ——

1、以插戟不玩，化接觸處或最受力之一點，全身勁出。不玩是放鬆不玩了。用支撐不住之心，勁才大。

2、包裹人用這裡一圈那裏一圈捲風，身內身外隨時因勢變動，以此纏住人。

9/26 ——

1、一點發—將天地氣縮入身內為一點，或腰中一點放大合天地發。

2、接處或他處溶化了，發出之勁極大，且易用。

9/28 —— 用任一脅，腿腳自然就有根，用側不用中，虛實自分，身自鬆。

9/30 —— 在用力中脫離自己的用力，即用不出力來，好像用力即是勁，此即用意不用力（只用意不用身上之力）。

10/1 ——

1、翻人甩人用翻不動、甩不動之心勁自出，即用意不用力。

2、要巧不要力，要妙不要頂。

10/2 —— **一點發放**—頂抗大時用實或虛處一點溶化放大，即可發出，或直接用一點發。

騰空—一切發都在騰空自身，無論吸、點放、皮毛、抱肚、虛抱，都在騰空自身。

10/3 —— 發放開始，脫離在先。脫離也在騰空自身。

10/6 —— 鬆沉發，有壓力危險感時，鬆沉自己即可生發。

10/7 ——

1. 拔鞋跟發功用甚大，任何時機都可拔，關鍵在於要將力限制在腳內。是心中用意拔，並非用手拔。
2. 推手是在引與接，接好就可拔鞋、鬆沉、抱肚、鞠躬發放。
3. 回身看功用甚大，隨時可用，關鍵在將勁壓縮在腰臀逆向互轉，巧妙即生。
4. 以意吸入天上一星之氣，隨時可發。
5. 引接好即以以上之法發之，均可功到事成，

對以弱勝強、四兩撥千斤更具信心（事實上在引接中就已發）。

6、應對人用回身看，效力甚大。即當彼按我，我以意磨轉臀腰勁（二者反向轉），彼即不敢前進，並可擊之摑之。彼若不動，我亦可以磨轉臀腰勁摑之，由於如此，氣即充滿周身。

10/8 —— 比誰柔、誰不用力、誰不撐不頂是推手要訣。

10/9 —— 身上使不出力，才真有力。靜也使不出，動也使不出，力反很大，此乃內勁。

10/14 ——

1、**百花肘**—肘不但可發，亦可粘。意力集於肘，人不能破，由於周身勁出。

2、心中一直在用肘，勁集於肘。

10/15 ——

1、力由脊發實有道理，力集於脊，心中將運動之力全由脊發，於是全身勁出。

2、心中只想用肘攻，不用手，配以力由脊發，實乃勁由脊發。

10/16 ——
　　1、用肘及寬襠鬆胯都有特殊功效，隨時用之。

　　2、寬襠胯力向下用，不向彼身，彼自跌出。

10/19 —— **力集一點**—心中將力集於一點即成勁，全身才能柔。只集於一點，用一點之勁即可發人。

10/20 —— 心中一用肘力，身即柔似棉，把肘勁使出來，是心中想，非以身做。

10/21 —— 推手要得機得勢，保有發放之機，即要引接，彼始終在我發機上。

10/23 ——
　　1、遇頂，實處要溶化，溶化用意。意識避開實處，要在虛處，不停地在找虛處，用虛處。

　　2、動時力全發於腰腿或用下盤之呼吸，如用原有之自動即有僵。總之不可自動。

　　3、尾閭尖先動，即生跟勁，皮毛及外側勁即生。勁以片狀運行，倒時上引，跟勁（乃腳跟勁）即生。

10/24 ——

   1、主要把彼勁引到我身之一處、一點、一側，再用虛發之。

   2、尾閭尖及尾閭用檔勁上縮，以帶動全身勁，為動之起點。先動尾閭尖，即可比較靈活，不會產生僵。

   3、力由尾閭尖發，即生踵勁。

10/27 —— 用上臂不用前臂，即用肘以上之臂，則全身氣足。兩肩用意力，則氣集肩肘背，歛入脊骨中。

10/28 ——

   1、鍛鍊虛實，破解大力，一定要有虛實。

   2、五虎平亂，五行玄功，肘脅尾閭為五行，將意力集中五行中間一點（即腰椎）發放，神妙無窮。

10/31 —— 腿要以意用力，才身柔。腿腳中之勁不可斷。心中一直要加強腿腳之勁，否則跟浮，上身不柔。

11/1 —— **造太極**—以全用骨節之勁扭扯來動，即已

脫離已身原有之自動，而生太極。當人力壓在我身，我用身內骨節互扯之勁發之。當然最好要同時吸彼虛處，跟勁要在腳。

丟棄實處，丟卻自身，全用神意，更高一層。

11/2 ——

1、用踵把乾坤圈拉下來發，類用抱、吸、趴。由踵向上拉，彼即跳。

2、不要認為是推手，是在引接，多研引接之法、之妙。

11/5 ——

1、以纏粘吸彼勁，彼跌倒。

2、發勁以發光發不出、鼓盪氣鼓不動，作用反大，因由是可產生內勁。

11/8 ——

1、心中想腿愈用力，身即愈柔。一有危急即用之，並可將人擊出。

2、心用腿力，身即不用力、即柔、即生勁。動也用、靜也用，一動一靜，綿綿不停地用。

11/9 ──

> *1*、要想用力用不出，想移動動不動，內勁生。
>
> *2*、意想身很僵硬，勁氣即入骨，身反很柔。意想兩腿僵硬，腿勁即強，人可不倒（不可用鼓筋肉穩身）。

11/11 ──

> *1*、第一發發不出，即已掀其根；接著換勁發，即「**先加以挫之之力，斯其根自斷，乃壞之速而無疑**」，亦即牽動四兩（第一發）撥千斤（第二發），連串一氣。
>
> *2*、欲發人時必先示以發，以利真發時換勁發之，彼必出其不意而跌出。即必換勁發之，不可用原勁發。拳之奧妙，變化在心。

11/12 ──

> *1*、吸、吸、吸，以意吸彼筋脈骨髓，使之無力反抗。
>
> *2*、注意不可亂出力，力要由腿發。心意中用腿力就不亂出力。

11/14 ── 應對時內氣走動要求靈活，不可稍走即

止，範圍要大，外合天地。

11/18 ——
1、力集中在任何一點都可發，因用一點之力時，他處已全鬆。如用膝發放，用力集於膝中一點即可。因力集一點，周身脫離隱身，周身即柔沉穩。

2、用哪裡發就用哪裡呼吸。用呼吸發，輕柔美妙。

3、處處可用點發，用點呼吸，力集於一點即發。

11/23 —— 以皮毛脫離、走化，甚妙。

11/24 —— 心中以意以腿用力磨地，對穩根柔身很重要。

11/26 —— 用皮毛化、攻、吸、纏，人乃不知。

12/6 ——
1、發人本是用受阻，用呼吸受阻更高，越輕越強，似遇狂風吹我。

2、乾坤圈由踵上拉，彼即跳。

12/8 —— 專研呼吸鼓盪，以無形代有形，以求有化無。

12/10 —— 心中作勢用肘打彼，為極妙之法，彼必被制而處劣勢，因如此氣勁已全集於腿腳。

12/11 ——

1、拍人、點人使之跳動不用受阻之法，亦可用吸回、沾起之意，因如此全身勁出。

2、進用縮身入腿為呼，退用縮腿入腰脊為吸，全套都可用這練，功非小可。

3、一有情況即呼吸，不可亂動，用踵來呼吸。

12/12 —— 以骨發比用皮毛發為強，因發時自己完全隱入骨中，不讓人知。

12/13 ——

1、接手即找發勢。以準備打人之心，用肘進攻。

2、發勁之勁原是徹底消去本身之力，以發動自身內勁。

12/16 ——

1、纏絲必以涵拔等助勢，不可只單純的一味纏，
即纏中要有涵拔、鬆坐等助勢方靈活。接不上
時用沉涵或寬鬆等，即可接。一味纏太單調呆
板。

2、**接勁**─用力集一點，將己身躲入該點來接（鬆
化）。

12/18 ——

1、**以脊吸**─吸，吸彼筋脈骨髓。

2、用皮毛、用骨髓，不用筋肉，處處放之自由。

12/19 ——

1、胯變應萬變，一柔化千愁。

2、胯中氣充，神力無窮。胯氣通周身，力大無
窮，用胯呼吸開合以充實胯氣。

3、彼靜止躲纏，我緊挨彼身以接連彼力，纏其身
內筋骨，用胯配合，效更大。

12/20 ——

1、蠻鬥時用承接彼力，用虛接之，彼必敗。

2、在相頂時用縮入洞內之意即可勝，軟綿縮小
巧。

12/21 ── 形未動胯先動，腿先變，踝先旋，以調整中正安舒。

只攻不用接時，應對用皮毛，發用骨。

12/22 ──

1、用接不用化，接中已有化。

2、浮中有沉，沉中有浮（我要沉，水浮我），水中有物浮起。

3、身交與氣方為道（練身化氣）。

4、完整一氣之操作：

　(1) 胯腰轉動時，周身內勁隨勢節節隨動，使完整一氣。

　(2) 手似抱物似的，不要動。

　(3) 腰胯互動，上下相隨。

　(4) 以身呼吸，行整體呼吸。

5、腿胯內勁要變得快捷，即在內部因勢調整變化要快，形未動，腿內變化已數不清。身手要有掤勁。

12/23 ──

1、浮似木沉似石的勁極大，我沉水浮。我受到壓力時用沉，以積浮之力，沉中有浮力，像彈簧

一樣反彈出來，勁出極大。

2、身有掤勁，周身一氣，發時始可將敵彈放出去。

12/24 ——

1、**點、絲、浮**—三者都很厲害。人抓住你手腕，你用走脫腕中一點擊之。二人同時抓兩手腕，可同時使用腕中點，一向前一向後，使彼各向前後跌出。因此時周身內勁全出。
想身臂中之絲，即生擊人之勁。發人用浮勁，雖浮實沉。

2、縮時有僵必以伸消僵，伸時有僵必以縮消僵，伸與縮單獨做就有僵力，故要伸中有縮，縮中有伸。

3、想到絲，擊發之勁即生。

4、沾粘包纏用皮毛虛處，亦即應用皮毛虛處沾粘、包纏。

12/25 ——

1、拿人不用手，用身內氣勁。用化風、吸彼背後氣發，用外氣最強。

2、用腳吸地氣天氣合來發。

3、皮毛化心發，心發皮毛化。

12/26 —— **一點靈**—力集一點，用一點之力。

12/27 ——

1、**一點靈**—彼力加我，我丟脫不理彼加力處，另以意集一點沾之，以一點攻擊彼。

2、**骨**—身交與骨，力不可著在身，骨柔弱無力，極柔軟而後極堅剛。

12/28 ——

1、脫離很重要，意脫身未離，絕對地重要。脫中求發，發中求脫。脫不清，發不靈。發實是脫離，使彼落空後發，每日練脫離三百六十下，勁在胯腿踵。有脫離，一切都有。練時思想中要用脫離之想。皮毛吸骨，骨吸皮毛。

2、**常想膝頭**—用時一想膝，人即脫離。常想摸自己膝頭，身即柔，勁即下沉。

12/29 ——

1、被阻無可進時，繞彼之阻而進，要靈活，不可

呆滯不變，如水之透隙而進。

2、**用勢**—彼不動，我換成優勢發之。彼要攻我，彼只要微動，我已先動，找勢制之。

3、用形而上之氣發，百發百中。

12/30 ── **伸懶腰管大用**—以單純意伸懶腰。彼攻來，我順勢伸懶腰化之，發之。彼不動，我以單純伸懶腰發之，彼必大跌而出，因此時已在用腰腿而彼不知。

12/31 ──

1、伸腰即喘一口氣，深喘一口氣。

2、彼力來，我迎之以準備伸懶腰，彼已跌出。

2002/1/1 ──

1、用浮、伸懶腰，十分厲害。

2、纏要纏彼之實，將之綑綁。自身亦纏，內外合一。身內纏，內勁強。

3、欲想要浮，用心想浮木沉石即可。亦可想自身浮向天際，即感輕靈中氣充全身。或在水底腳踏浮木浮起，在站樁中用之，效果甚大。化有形之身為無形的意氣。

4、身有點線之想，內在氣勁即生。

5、無論用何法都要連續不斷的進行，使彼無從化解，這是要法，如機關槍似的連發。

6、浮沉用準備跳之心就有，用準備伸懶腰之心即生發。

7、任何時刻都要用皮毛化。

8、浮要浮胯腰腳。自己本想要坐下，但被向上浮，反能坐得著實，因有浮即有沉。

9、沒有動，只有準備伸懶腰，要連續。

10、本以為發勁要用動，實際用浮沉或欲振乏力等即可，或用準備伸腰或喘氣發。

1/2 —— 一接手就找發、找勢，用伸懶腰、浮沉、受阻、後拉、前吸、脫離、旋腰（帶脈）、腿抽絲等勁發，隨機應用。

1/3 ——

1、先製造僵頂之力，然後立即用浮沉或擴散鬆沉，或以心摸自己膝頭等發之。

2、全身不管（放棄），只在兩腿內抽絲（以腰與腳底間抽拉），不但不倒，且是發勁。

3、由彼去推，我避而不理，只在兩腿抽絲彼即

跌，實是既方便又實用之良法。

1/4 ——

1、隨時保持單腳或雙腳貼地，腳上站得穩穩的，兩胯空無力。

2、欲振乏力，周身全鬆。

3、動作中發放中，輕而不用力，意識注於綠茵芳草、藍天白雲、晴空碧海等思想，想著別的，不可意在發或動，則周身浮沉勁大。

4、接手即找勢發，伸懶腰發、腿抽絲發、受阻或拉發、吸彼發、氣包彼發、身內點線發。

1/5 —— 上下勁向腰中縮，可解決一切，並可發。

1/6 ——

1、發勁之勁用皮骨相合，筋脈為氣的通道，不可有力。

2、勢十分重要，推手完全在佔勢，化中求順勢。並非只是化，要找順勢發，即變勢換勁發。

1/7 ——

1、發放以繞道找順勢為最上。

2、臂上一使勁一走動，全身勁動。以臂勁使腿勁
（內勁動）。

3、不可只化，轉背為順即是發，才是真法。

1/8 ——

1、運化以臂中線拉動周身勁運化，為最靈活。鑽
向順勢，發放即生。

2、用勁著身內點線，使己身不易倒。

1/9 —— 運用點線佔勢化發，處處隨時可做。以臂中
點線勁一鼓，周身勁動。搶佔順勢，使彼跌，以用柔
方佳。

1/11 ——

1、氣向腳下落，自能站得穩。不是刻意站穩自
己，動即可下落，即可站穩。

2、只要將手掌根發光吸氣，就可周身勁出。

3、被制時，想力集於肘即可化（因周身氣勁流
動），想力集於膝即是發（因小腿產生發勁）。

4、別動，以呼吸代動，在腿中呼吸。以湧泉為根，
手指為梢，神貫於百會。

1/12 ——

1、被制住時，點線化脫發一氣呵成，心中只要點線，或脫離點線均可發人，化脫極佳之法。

2、以只要點線，欲振乏力發，勢不可當（因周身是柔綿勁）。

3、要用哪裡就用哪裡呼吸，要怎麼用就怎麼呼吸，極佳。

4、不可身鼓勁，要以點鼓，處處都可以是點。

5、腰腿化未來要隨時加強，因穩身是腿的責任。

1/13 ——

1、舒、敗、暢威力無窮。人推我，我用舒暢，彼即跌出。用力撥我，亦同樣結果。人壓來，我敗中得勢，無堅不摧，因敗已含浮＋舒＋脫離＝隱身無為。敗要敗得好、舒暢，彈力才大。

2、只要點線，欲氣入骨，不要身，勁即全集中於點線，身才柔，勁才強。氣的鼓盪之根在骨或皮毛，不可在筋肉，在筋肉即為人知。要怎麼動，就怎麼呼吸求順勢。

3、有點即柔即有勁。與天地鼓盪，鼓盪天地萬物之氣。

1/17 —— 對抗用胯頂呼吸，則周身柔綿。用胯腳的活動能力與人推手，勁即不散亂。

1/21 ——

1、氣要貫到掌上，纏要勁貫腳跟。

2、欲動之先，先有微微伸懶腰之意，身即柔，勁即整。用微微伸懶腰來啟動，完全用消極思想應對，身即柔。

1/22 ——

1、用伸懶腰之意身自動，不可真伸，微有意即可。

2、發放用力時，以意將力全集於脊，即為勁，身即全柔，以伸腰之意即可做到。

動時力集於點線，身即柔，以常態動全身筋肉會產生僵硬，此即不要用常態動移的目的所在。

1/25 ——

1、用常態動身必僵，用點線即可，用點線呼吸即可脫離身之動。力不可著到身，著在點線或骨，身即柔，身上有力即轉化到點，放棄用身上之力，放棄用身，用氣呼吸（內），此都要

在拳架中練習。

2、用呼吸做，找意氣運，非動。

1/26 ——

1、動中求節節輕靈，消去僵硬（行住坐臥都可行之），即可消去對方壓我之力，使壓不到我的僵力。可在拳架中練之，使非常敏捷靈活，最好用胯腿之勁動消除僵力。氣貫於指掌，指掌好像在用力，氣即貫到。凡用拳練拳，氣必先貫之於指掌湧泉，呼吸全用指掌之力。

2、呼吸用指掌五心之力，有助於氣勁之強。避用鼻孔之力，一用鼻孔之力，周身氣勁即散。氣不可離指掌，指掌有氣，氣即遍周身。

3、力千萬不可著落在身，要著於皮毛或骨，才能生柔勁。避力著於身，即是力要用皮毛使、骨使，不用身使，如此心中隨時都可使力（力已轉化為勁）。求周身節節輕鬆靈活，要用腿來活動。

4、先有使力或呼吸之意（先起個勢），然後立即不使，柔勁即顯。或先用動之意，立即用不動之意，總之要如此層次方高。即先為，立即不為是也。思想在腿中做，配以關節旋轉更佳。

改變用勁與運動之觀念，全依此新觀念。

力求節節輕靈，人不能敵。

一有動意（為），身必生僵力。立即不動（不為），即可求得節節輕靈。輕靈柔綿在「為中不為」之過程中得之，妙極！為中力求不為，是為上法。

一受猝擊之力，立即應以浮胯、伸懶腰或舒身，以求節節鬆柔。

太極拳者，求柔身也。柔身在於「為中不為」也，亦即有陰有陽之太極也。

1/27 —— 節節輕靈實是佳法，彼等一用即會，互相推不動。如果加用以虛「鑽」彼實之意，亦是佳法。

1/29 ——

1、內勁變化，交與下盤。兩腿及腳中的勁要有變動。

2、架式的運作中都是求柔，柔才能綿綿不斷，不柔就有斷續。故在動之先，先要柔才能綿綿不斷的柔，是絕佳之運作方式。

1/30 ——

1、絕不是一味的動，是貫氣於虛，尤其是腳，以

求動中得柔。

2、動都動不了，一動即受阻，乃出真力（內
　勁）。

3、本是發光，要發發不出，勁才大、才快。吸氣
　而吸不回，或發光而發不出，於是產生周身內
　勁。

4、不用口鼻吸氣，用拳、掌吸試試看。

1/31 ——

1、力出於骨節，不著於筋肉，即是勁。

2、運動中由有變空、求空，於是實變虛、虛變
　實，陰陽交替變換。求周身之空，不是求周身
　之有，以動中求貫氣於虛即可。

2/1 ——

1、一切危機、瑕疵、僵硬以呼吸解之，或以消極
　（敗意）解之，我身已全都交與氣。以消極，
　對自己之「為」沒信心，力使不出，身即柔，
　剛勁即生。柔中之力乃是真力，乃是勁，甚至
　呼吸也呼吸不動，氣勁之根不可離乎踵。

2、將自己收藏於密，即將勁收於點、入於骨，即
　有變無，始終空無，節節空靈。呼吸著力於關
　節。

2/2 —— 以輕勝重（極妙），重力相頂中，我以輕相
迎，彼必落空跌出。彼以重來，我以輕迎。

2/3 ——

　1、用背脊力一樣有大效，彼必跌。

　2、用腰胯柔勁變化陰陽。

　3、周身有掤勁，功勁乃大。掤勁者，不用力之力
　　也。

2/5 ——

　1、心中只求柔，不求變形。動中只管勁貫入腿，
　　沒有形的動移，只有功的純正。能方能圓，屈
　　直隨形。

　2、**柔身**—只是內勁柔變，力歸向足，貫氣入腿或
　　身之某一關節。

2/6 ——

　1、遇重（實）即找輕（虛）進。

　2、儘量化有為無，太極拳乃以無勝有之拳術。

2/7 —— 拼鬥用虛實因應，實來虛應，破拙力之法。
將要發出之氣向內吸入，才是發，乃妙。

2/9 —— **身柔永不倒**—凡倒都是因為身不柔。

兩胯兩膝呈稜形（即要開襠），全身之力全集中在此四點變化，即可柔身求不倒。

2/16 —— 本是靜止不動，人浮水中、靠壁而立，消極不爭，於是很鬆很柔。動時絕非自動，是伸腰之力，伸腰即是呼吸，進入應對非我應對，而由呼吸之功應對之境。

2/17 ——

1、節節空靈時，有僵硬處即使之如木上浮，全身許多木塊，有則使之上浮，浮中有沉。

2、走架穩身全在腰氣繞足行，氣貫於足，彼推我，我不要亂動身體，以氣繞足而行。

3、遇有困難，心中只要一消極，身就柔，產生無為而有為之功。

2/20 ——

1、**一點真功**—心中念著一點，不論在身內身外何處，活動此一點，即成發勁。

2、腰以下一體柔順活潑，則不敗。倒都是因為腰腿生僵，不柔順。

2/21 ——

1、要腳不浮就要身不用俗動移，要身不僵就要身不用俗動，呼吸不能停。

2、一有俗動就身僵，用內呼吸動。

2/23 ——

1、各關節之點轉動，相互來往相合，有幾個做幾個，先要使氣充實各節，才有具體感覺。

2、用腳勁旋手指或膝，或腕踵旋尾閭、大椎、脊，以催動身內氣勁。旋一定要勁貫至手指、腳，才能周身動。

2/24 ——

1、關節互拉，不管來勢如何，只管自己拉扯關節（身內氣勁已產生變動），以腰腿勁加入更佳。踝勁旋轉不停，此即化有為無之功法。

　　平時練習時以棄僵求軟之心，把僵處找出來去之，這也是心性之涵養。以旋點（至少兩點相連）抽拉，四大天王（肩、胯）、八大金剛（肘、腕、膝、踝）互相抽拉不停，於是內在氣勁變化又快又細，一定要兩點以上相拉扯，才成內勁之形（線狀之柔勁）。

　　意識只讓身內點移動，不讓身動，身內勁乃生變

化，身乃柔，重要！重要！點與點間有絲相連，點一拉旋，周身細沙自流，收歛入骨，不為人知。腰胯勁先旋先扭，踝旋足軟，意常注於膝、注於腕。

2、著力於關節，身也就柔了。將僵力吸入關節再拉旋。

流星穿月—周身關節以腰脊為中軸拉扯、穿梭，以手、腳、頭頂五梢拉扯為佳。此全是意氣勁。

2/25 ——

1、以關節、兩手、兩足間之絲結成神經網，網住來物。

2、以意活動周身關節，不身動，氣入關節而動。拉扯關節間之絲、神經網。

2/26 ——

1、**順勢佔勢**—化發一體，不用費心機。

2、敗勢落到一足，發勢即生，此即蓄勢於一腳，發勢自來，化即發。

2/27 ——

1、彼以重來，我以輕迎，用襠不用身。彼以手來，我以肘去，用肘不用手。

2、用力在肘，身即柔，勁即出。

3、欲柔必使身無力消極，一切作為不管用。

4、腕點接上腰胯，勁即大。

5、不可直接用硬力鼓起自身之力，要用柔力，即鬆柔之勁。

6、用腕點摧動、帶動，活潑腰胯之勁（不可鼓力）。

7、以意用腕點帶動周身勁動，不可鼓力，而是用腕點帶動。沒有鼻呼吸（這是外呼吸），而是用腕點做內呼吸，則勁發於內，起於腕點，帶領周身。

2/28 ── 心中以臀磨地，專心磨，不管別的，功即自來，人不能擋。

彼進，我以臀吸地退後，重來輕接，類挪褲伸腰。

3/2 ── **四點合一**──腰胯襠四點合一應萬敵，合上膝踝成八仙相會。努力使動靜留於跟腰間，不使有絲毫走漏。氣勁在腿中走，合地氣旋，氣之根在膝，氣勁不可上冒，如有上冒即限止在骨內。

力發於四點（胯、踵），其根在腳總是對。勁欲入骨，彼力一來，我勁欲入骨，化發隨心。

3/4 —— 身旋腕點，腕點旋身（練功）。

人來力，全在用身內點線化脫，以使身體保持柔軟。

3/7 ——

1、受阻是必要的，動即受阻，尤其發勁，任何動都受阻，一想動就受阻，內勁始生。一阻即有敗跌之心，力即下沉。受阻就是動即受到阻擋，要動動不了，力反大，乃內勁。

2、又要用之又要軟，又要用力又要軟，又要動又要軟，又受阻又要軟，為極佳之柔身方法。

3、凡動招式，心中腰腳早已先動好。

4、踝圈上提上旋為應對之好方法，常練之，使氣勁增大。

3/10 —— 以發點處、放光處軟掉發，比發光勁大。會千招，不如一招真。

3/11 —— 用皮毛化最簡便有效，觸我何處，即用周身皮毛走化。

外有皮毛內有骨，

皮毛遊走骨後根。

筋肉放鬆切莫動，

呼吸運氣是行功。

腿要軟十分重要，當作基本練。不穩之因，乃因腿僵。腿愈軟，勁愈強。

3/12 —— 以腰照顧腿的安全靈活，兩腿柔軟躺地眠。調整下盤穩檔，即可不倒、不抗。

3/14 —— 心中學匍匐前進，假想是別人在做，不是自己在做。

3/15 —— **鬆身心法—**

頭頂千斤石，身由骨節撐。

心中雖有意，欲振卻無力。

心中用此心站立，手上足上即有氣感產生。

3/16 ——

1、柔腿軟腿，四極（腰胯檔）無力，均甚有用。

2、總之不可有僵滯處，一定要流動活潑。

3/17 ——

1、用匍匐前進之心來動，任何腰胯動都沒匍匐好。（有此意而非真匍匐）

趴行勁—趴著前行，匍匐前進。此皆在動中的心中的意想。

心中要把這先想著，想好後再動，動中要保持不要斷。一動一匍匐一趴行，可進亦可退，亦可仰。沒有自己的常態動，一有自動勁即亂，身即僵，只有趴行匍匐。

一動一匍匐，一退一匍匐

心中不可丟，趴行更神妙。

二者交替用，更是妙無窮。

不可作自動，自動即亂動。

2、用肘使勁亦很好，周身勁整，用肘呼吸。

3/18 ——

*1、**放棄力反力大且剛**—兩肘用力固好，但心中用放棄力更佳，他處即有力，乃是勁，比用力之力大且剛。*

2、譬如狗，你打牠身，牠不用身頂，翻身用嘴咬你，這也是陰陽虛實之用。人擊我此，我迅即脫離彼力，以他處擊之。又如人用刀棍打牠，牠也是這樣相應，一旦得機勢，牠就不放過你，把你咬個半死。人擊我並不是一化了之，要化即是打，打即是化，打中自有化，化中自有打，才是太極陰陽相濟。

只能伸腰匍匐動，怪趴學動物，否則即是亂動，勁散亂。

意一定要涵蓋到腳，否則腳勁會空，意不能稍離腳。

3、氣運足後，向脊內沖，勁真是深大。

4、伸腰呼吸，用腳之勁，或腿或骨節之勁，加上旋轉。

3/20 ——

1、走化用皮毛最好。

2、意不可離腳，一離腳即浮。

3、心想膝頭，身即柔。

4、絕無常態動，只是在想某種功動。例伸腰、呼吸、匍匐等即功動。

5、吸氣吸不到，呼氣沒氣呼，勁大，類受到阻力。

6、吸氣入脊，勁大。

7、不是運氣，是關節互拉，互拉就是呼吸運氣。

3/23 ── 前進用身縮入腿，人不能擋。退用縮腿入腰，人不得不來。

3/24 ──

1、一遇相抗頂，我心中一定身體敗，身有浮意，浮中有沉，精神不敗。

2、走架時，心繫綠茵碧草，不在身，身即輕靈。意著力於外，不著力於身內，氣向內歛。

3、一有動靜，急找最佳發勢角度，無論前後左右，以代替化。

4、一定要用功動，這樣就已呼吸運勁，否則一身空，亂動。

5、鼓骨勁，以骨呼吸。

3/25 ──

1、練拳架最基本的是柔得透、站得穩。

2、腰腳先動，意不離腳，才非亂動。

3/26 —— 脫離動作，放棄身體。太極拳是求放棄身體不用，不是使用身體的拳術。試觀太極拳求鬆柔不用力，即是棄身體不用的例證。

3/28 ——

天地自然大動力，
翻山倒海腿中盪。
洗淨後天汙垢積，
還我天真不老春。

可見操作有形的肢體動作，必然身體僵硬，不能鬆柔，顯然不可能練到太極拳。

3/29 —— 發光時，有著力處即要軟、浮或散。有感覺即刻軟，有力、有抗、有僵，立即用浮。如果局部身體浮，就成了浮而無力。如果整個身體浮就不同了，就有沉的勁。

3/31 ——

遇推實要吸彼力，彼力吸盡彼自空。
縮身入腿進法妙，欲進遇阻如破竹。
前阻後拉法相似，彼如不倒即旋之。

僵迫不忘柔我身，纏法變化來因應。

不用己勁吸地氣，根在己骨意纏彼。

力來身柔檔勁提，皮毛走化骨在攻。

4/1 —— 兩腿躺地磨，不可用自動。有時腿磨腰，有時腰磨腿。

4/2 ——

皮毛化來骨節攻，

拿到彼勁箭上弦。

換勢擊發彼難防，

心在用意不用身。

4/4 —— 兩腿勁互換不停，互提互用。

4/7 —— 要提起氣勁方可制彼，如周身鬆懈，氣勁反足。

4/8 ——

1、踝腳膝之關節都要調整正中，腳才不會浮倒，不可偏於一側，使向任何方向倒都可以站穩，隨時準備好。即要有中定，踝腳中好似有個中

軸。中定者內在氣勁有中軸,使身站穩,非有
形身體。

2、周身呼吸順暢無滯,是周身之內呼吸,不是某
特定處之呼吸,與外氣相合相盪,久練功力將
大增。已經有呼吸,呼吸已有動,何必再身
動!皮毛走化,身要穩。

3、凡人都以腳腿使勁穩住身體,其實用丟卻腳腿
之勁,效果更佳。

4、以皮毛化虛氣發,對方感舒服,並在不知中跌
出,不要刻意用某處發。

4/9 —— 被人頂到都是因為用腿撐,撐住是幫人忙,
軟下人即落空。

4/11 —— 不要用打,以運足腿中氣,錯腿勁效才大,
心中更不可想用手打。

4/14 ——

1、**針點吸與發**—彼兩手壓我力甚大,即以身吸彼
一掌上任何一點,彼即落空跌出。或我以掌制
彼,用掌上針從掌上一點穿出,彼即跌倒,由
於以意在用一點,實則全身勁已動。

2、以呼吸或使勁，使力著在身中之小點，向點內
收縮或旋轉小點，不可著力於點外肌肉，點可
以是一點，也可以是數個點。以二個或數個關
節中的點相合，帶動周身氣勁。

3、忘了身體，只有點，原動處不動，以點呼吸，
以動內形，不要做一般常態的動移，如此周身
柔綿勁出。

4/15 ——

1、動必受阻，自身動中求不動，內勁乃出。

2、我以化在彼虛中找實發之。

彼攻我，我以化為發發之（實化虛發）。

敗中有發機，原因在於我意已全在敗處（為實），
氣勁已向下全集於腿腳。

4/17 —— 遇重以輕應，即以無力應有力。

1、要倒或有僵時，即調整尾閭，使尾閭垂直中
正，「**尾閭中正神貫頂，滿身輕利頂頭懸**」
實為最高原則，求內勁的中正安舒。

2、制人時，彼順時我以胯頂攻之（代肘），或敗
中求正，不可用手與用上身。彼不得機時，宜
即乘勢追之、發之、吸之。不可只化，要陰陽

並濟，要攻，以攻為化（攻中寓化）。

3、旋纏腰與一腿，人不知我勁何在，不要四處亂
纏。

4/18 ── 對攻時用腿及皮毛化攻，不用自身，上身鬆
柔向下軟。

4/19 ──

1、每動要有不是受阻就是被拉之意，勁才出。大
腦為天，意在芳草，浮在海中，每有動，心中
即要存此意，以使意離開肢體動作，以求周身
空鬆。

2、無法化時，趕緊把尾閭垂直鬆弛發之，他是來
餵勁的。

4/20 ──

1、強烈相頂抗時，我用深深呼吸，彼必被掀動，
或讓彼猝然落空，或用腿勁發之。

2、有壓力或有動即以呼吸應之，或用關節互拉之
意應，氣即流轉，貼於背、斂入骨。

4/21 ── 涵陷彼力彼必跌，彼力加我身，我以涵陷
之。

4/22 ── 無論周身關節或三寶（心神意），都要合地下一點，氣勁才有根。

4/23 ── 挪腰代替一切動，即沒有動，只有挪，挪即生呼吸。

4/24 ──

1、身內質體流動與昂首軟身相配合，才能順。

2、不倒不是靠腳之力，而是以內勁之垂直線，不可靠原有之勁穩身，而是要換勁。

要倒無法穩身時，即立即換虛勁穩，即可不倒，甚妙。一切動時，都用虛勁，不可用原來之實勁。用虛則柔，用實則僵。

4/28 ── 腿一定要柔，不可用撐力，才不敗。尾閭一定要鬆。

4/29 ──

1、轉腕中一點，乃全身之勁出，與腕點噴氣出同。纏勁以旋轉腕踝中之點，向內與腰胯肩合勁。

2、轉任一點都要合上腕點，方能周身有勁。

身旋點，點旋身，都是意，練氣勁。

4/30 ——

1、樹根勁深入地下深廣無邊。我腳就是樹根，地下水分以根鬚吸入周身，流旋不停，以腰胯之力吸。

2、發放時，欲令彼不知，以虛環發放。

3、沒有自動，只用內勁蠕變。

5/2 —— 千萬不可用純化之心對付，有陰無陽不成太極。要在化中佔勢，以使化與發放併用，發用環、點、腰、抱等等，凡發放之法均可用。以皮毛化、皮毛發，凡推上來者，統統請他跌出去。

5/3 —— 內勁垂直線要刻刻保持住，以穩身成為呼吸之根，勁力之源。

5/4 ——

1、發放用錯動小腿勁或腳跟勁，勁大而強，人不知。

2、意一動，周身勁動，無須動身。

5/5 ——

 1、內部周身拉筋，可消除一切壓力，不可小覷，為應對之上乘功法。拉筋實是使內勁流動變化，腰腿脊背四肢之勁無不拉為一氣。

 2、拉筋消僵。

5/6 —— 運氣用腰環、腕環、踝環等來運，穩身用兩腿皮毛運氣。

5/8 —— 拉、阻、吸、環、抱，實際上勁相同，只意識不同。虛抱實就不一樣，完全是形而上，放棄形體，全是用意。

 虛空隱化，脫離放棄，為而不為，化有為無，欲振乏力，重來輕迎，敗垮相迎，浮沉穩身，意在芳草，大腦為天，均為放棄先天自然之能不用。

5/13 —— 勢變足先變，乃能靈活柔順。

5/15 —— 要能金剛腿棉花身，除以意用腿外，更重要的是以大十字（在大椎）或小十字（在腰椎）、乾坤圈（在胸部）、髮旋等，與腿結合一氣，勁乃出。

5/22 —— 未動先開胯分檔，不斷開分，奧妙即在其中，變化無窮。

5/25 ——

1、意為風，氣為水，骨為礁，意氣轉動圍繞礁石，礁石不動。

2、對手所加任何動靜，都要立即反應到腳腿，平時也是一有動靜，即反應到腳，使腿動與外動調合。

5/27 —— 推手不是化，而是接，接到就發，接在化中接。應該說化就是接，化中有接，接中有發。

以上三功一體，全在應用皮毛，用皮毛化接發。

5/28 —— 找彼虛處發，學問很大。纏彼之虛腿，彼即翻身跌倒。

5/29 ——

1、要找虛，在意識中的都是實，意識外的即是虛。不要另做接，碰到即已接到，只是輕重而已，即可發之。故碰到即可發，發者吸也，脫離也，放棄實也，交與虛也，視接觸狀況而

定。

2、不斷通過腿上虛線以腰吸地氣，由腳而入，人
可不倒。即動即吸，人可極柔，人不知我，
不可自己亂動。

5/31 —— 彼我頂住，我以氣捲彼虛處，尤其彼之虛
腳，彼必跌。我欲發彼，先頂彼，使彼露實，再捲彼
虛線。

彼頂我身，我即捲彼虛線，很易將之發出。我以
皮毛捲之。

6/1 —— 腰背向後貼靠，意動形未動，亦為發之佳
法，各種姿勢都可用。

6/2 —— 練拳乃求虛也，空為最高，當然是求虛，化
有為無，動中求靜，為而不為。

6/3 —— **定步走路**—腳不離地，用意以足走、胯提等
的動步，在動之前先調整好步，以活腿足中氣。

6/4 —— 不在制不在化，在找可擊發之路線，主要是
引出彼之實，以己虛擊彼虛。

6/9 ——

1、纏旋以先撐開胯圈，則下盤穩實。

2、發以擴大胯腰即可，不用蹬力。
條件先要有對頂之力才可，以撐開我腰胯之心即可發。全心撐開自己腰胯即是發勁。

3、凡動一定要撐開腰胯，勁才大。

6/10 —— 大大方方地把身放下去，才能鬆。

6/11 要有拼鬥之心，不是純化之心，神氣與勁才能出，對方才有壓力。拼鬥是鬥智巧，不鬥笨力，避實擊虛。

6/12 ——

1、動中腿腳以意勁定住，不可稍移。

2、拉筋要柔綿不可斷。

3、一有壓頂，即放光不玩（心離身不離），或換勁，彼必跌出無疑。或以立即脫離並趴撿，猝顧自己的腳亦可。
定力很重要，為根，不管怎麼動，腿腳的骨要有定力，定是用意力，即是勁。

6/17 —— 要身柔，心中用骨頭就可柔。

要不動肩，提住臀底即可不動（勁全在臀底，故肩可不動）。

心中只有勁線沒有身，亦可身柔。

6/19 —— 以氣不斷向腳運，既是化，又是攻。

6/20 ——

1、用箭指發人，先以指尖沾之，心中以把他沾起之意，再以腳底放光發之，則發人人不知。以身勁粘彼身中之力（我是柔勁，彼是拙力），接觸處要接好，然後才能粘。

2、柔上身靠腿勁，腿勁愈大，上身愈柔。

6/21 —— 用腿！用腿！推手用腿推，平時心中腿鼓力，身才柔，腿有勁。

推手時，力鼓在腿上，以柔身。兩關節一相合即是發勁，一心相合。脫離吾身，發實際上是脫離換勁，不脫離，發不妙。脫離是在發時心中有脫離之意，不是身的脫離。

接住後脫離放棄，實已是發。專心做發勁，實是專心做脫離放棄。脫離放棄只是心中有此意，不是身

的脫離。

6/22 —— 以腿為根，上身縮入腿內。這是心中的意，如此則周身氣合而為一。

6/26 —— 柔身用以意在身內抽絲，抽絲才能真柔，以抽絲來呼吸。

【歌訣】
　　千年翠柏萬年松，
　　山高雲深誰人知。
　　◎ 言太極拳為人難知。

　　仰視星月俯看泉，
　　行雲流水身傍過。
　　山川海河氣相通，
　　日月星辰一體連。
　　◎ 言太極拳融入自然。

　　太極只在一氣中，
　　哪是世俗凡人動！
　　洗盡心頭世俗垢，

一片清虛至上功。

有緣得識珠寶真，

誠心取用必相贈。

◎ 嘆識者難逢。

欲成太極拳，必先了真意。

得真勤苦練，定臻無上功。

久練難有成，緣因假作真。

真在經歌中，求形一場空。

◎ 言習太極拳要得其真。

【第十二冊結束】2000年10月1日~2002年6月26日筆記
陳傳龍於2019年3月28日重新修潤整理完畢。

memo

| 眾妙之門・下卷 | 7

太極拳透視

作　　者｜陳傳龍

發 行 人｜曾文龍

總 編 輯｜黃珍映

文字繕校｜林燦螢、黃珍映、薛明貞、沈盈良、鄭秀藝

美術設計｜劉基吉

圖片攝影｜吳文淇

出版發行｜金大鼎文化出版有限公司

　　　　　臺北市 10688 大安區忠孝東路 4 段 60 號 10 樓

　　　　　網　址：http://www.bigsun.com.tw

　　　　　出版登記：行政院新聞局局版北市業字第 200 號

　　　　　郵政劃撥：18856448 號／金大鼎文化出版有限公司

　　　　　電　話：(02) 2721-9527　傳 真：(02) 2781-3202

製版印刷｜威創彩藝印製有限公司

總 經 銷｜旭昇圖書有限公司

　　　　　地址：新北市中和區中山路 2 段 352 號 2 樓

　　　　　電話：(02) 2245-1480

◆2019 年 8 月第 1 版　◆定價 / 平裝 新臺幣 350 元

◆ ISBN 978-986-97217-3-8

國家圖書館出版品預行編目（CIP）資料

太極拳透視：眾妙之門. 下卷 / 陳傳龍著. --
第 1 版. -- 臺北市：金大鼎文化，2019.08-
冊；　公分
ISBN 978-986-97217-3-8(第 7 冊：平裝). --
ISBN 978-986-97217-4-5(第 8 冊：平裝). --
ISBN 978-986-97217-5-2(第 9 冊：平裝)
1. 太極拳

528.972　　　　　　　　　108011124